法医DNA实验室实用手册

周怀谷　陈荣华　吴　丹　编著

科学出版社
北　京

内 容 简 介

本书由上海市公安局物证鉴定中心周怀谷、陈荣华、吴丹三位法医根据日常检验鉴定和实验室运行管理经验编著而成，内容包括物证采集、物证检验、实验室建设、实验室规范四篇，全面系统地介绍了法医DNA实验室检验鉴定和运行管理方法，包括现场各类物证的采集、DNA提取、PCR扩增、电泳、DNA检验结果的分析和应用，法医DNA实验室结构建设、设备配置要求、防污染措施，法医DNA实验室的规范化管理要求等，并辅以知识点、温馨提示和附录。

本书既是一本可供法医DNA实验室技术人员使用的实用手册，也可作为相关院校的教材，或者作为警官、法官、检察官和律师的参考用书。

图书在版编目(CIP)数据

法医DNA实验室实用手册/周怀谷，陈荣华，吴丹编著.—北京：科学出版社，2019.5
ISBN 978-7-03-061202-1

Ⅰ. ①法… Ⅱ. ①周… ②陈… ③吴… Ⅲ. ①脱氧核糖核酸—法医学鉴定—实验室管理—手册 Ⅳ. ①D919.2-62

中国版本图书馆CIP数据核字(2019)第089620号

责任编辑：谭宏宇 / 责任校对：郑金红
责任印制：黄晓鸣 / 封面设计：殷 靓

科学出版社 出版
北京东黄城根北街16号
邮政编码：100717
http://www.sciencep.com
南京展望文化发展有限公司排版
广东虎彩云印刷有限公司印刷
科学出版社发行 各地新华书店经销
*
2019年5月第 一 版 开本：B5(720×1000)
2025年11月第十一次印刷 印张：12 1/2
字数：218 000
定价：100.00元
(如有印装质量问题，我社负责调换)

作者简介

周怀谷，男，医学博士，主任法医师。现任上海市公安局刑侦总队一级警长，法医物证学现场应用技术公安部重点实验室主任，公安部刑事技术特长专家，上海市法医物证司法鉴定专家委员会主任委员，复旦大学上海医学院硕士研究生导师。长期从事法医 DNA 分析技术的应用和研究，主持完成国家和省部级课题研究 16 项。近五年发表论文 35 篇，其中 SCI 收录 15 篇；参与编著图书 2 本，制修订行业标准 4 项。获省部级科学技术奖 7 项，获得发明专利 4 项。获国务院"政府特殊津贴""上海市领军人才""上海市优秀留学回国人才"和"全国公安机关优秀专业技术人才一等奖"。

陈荣华，男，理学学士，副主任法医师，现任生物物证室副主任。长期从事法医 DNA 分析技术的应用和研究，具有丰富的检案经验，完成多起疑难案件现场勘验和 DNA 检验鉴定工作，并指导和培养了十余名年轻法医物证检验人员。主持和参与完成省部级课题 7 项，发表论文 10 篇，获省部级科学技术奖 4 项。入选"全国公安机关刑事技术青年人才库"。

吴丹，女，遗传学硕士，主任法医师。长期从事法医 DNA 分析技术的应用和研究，独立完成近万起刑事案件中生物检材的 DNA 检验鉴定，具有丰富的检案经验。参与 DNA 实验室质量管理体系文件的编写，负责 DNA 实验室日常工作的质量控制和监督工作。检案工作之余积极参与 DNA 分析新技术的开发，主持和参与完成省部级课题 4 项，发表论文 8 篇，获省部级科学技术奖 3 项。

前言

Preface

我国从 1987 年开始将 DNA 分型技术应用于侦查破案和庭审证据，经过三十多年的发展，技术水平不断提高，应用范围不断扩大，法医 DNA 实验室不断增加，检验鉴定人员队伍不断壮大，法医 DNA 分型已经成为法庭科学技术中科技含量最高、实用性最强的方法之一，检验鉴定结果得到了普遍采信。

目前，我国法医 DNA 实验室主要分布于公安系统、司法机关、大学、医院和社会民营机构，由于获得教育培训的机会不均，机构和鉴定人员的水平参差不齐，而法医物证 DNA 检验鉴定类的专业书籍太少，实际操作类指导手册更是稀缺。为此，我们编写本书，希望提供给各法医 DNA 实验室特别是基层的、民营的实验室一个范本，更规范地建设实验室，更规范地检验鉴定，更规范地分析和应用。同时，本书也可作为相关院校的教材，或者作为警官、法官、检察官和律师的参考用书。

本书内容包括物证采集、物证检验、实验室建设、实验室规范四篇，全面系统地介绍了现场各类物证的采集、DNA 提取、PCR 扩增、电泳、DNA 检验结果的分析和应用，介绍了法医 DNA 实验室结构建设、设备配置要求、防污染措施，介绍了法医 DNA 实验室的规范化管理要求等，并辅以知识点、温馨提示和附录。

本书编写结合了作者所在实验室全体同仁的经验，并得到了中共上海市委组织部、上海市人力资源和社会保障局“上海领军人才”项目（编号 095），上海市科学技术委员会科研计划项目（14JG0500400），以及科学出版社的大力支持，在此表示衷心的感谢！限于我们的知识水平和经验，本书如有不足乃至错误之处，敬请批评指正。

周怀谷　陈荣华　吴　丹

2018 年 12 月

目录

Contents

实验室建设篇

实验室规范篇

附　　录

物证采集篇

1920 年，法国刑事犯罪学家艾德蒙·洛卡德(Edmond Locard)提出了接触与物质交换原理，即“每次接触都会留下痕迹”。

第一章

现场检材的采集

凡在案事件现场可获取的，与案事件有关的，可进行 DNA 分析并能为侦查提供线索、为法庭提供证据的生物样品，或含有、承载可进行 DNA 分析的生物样品的物品，都称为现场检材。一般包括血液（斑）、精液（斑）、唾液（斑）、阴道内容物（斑）、毛发、骨骼、器官、肌肉、分泌物、排泄物等生物样品，以及含有或承载上述生物样品的各种物品，如烟蒂、果核、床单等。

现场检材的采集可分为现场实地采集和在实验室从送检检材上提取两种。

一、现场实地采集

（一）现场检材采集目标

现场检材采集主要关注三个方面：一是来源于人体的排泄物、分泌物、脱落物，如血液、精液、汗液、尿液、毛发、牙齿、组织碎块等；二是来源于作案工具和器械上的人体生物性物质，如刀具、锤子、棍棒、勒绳等；三是来源于遗留在现场的物品上的人体生物性物质，如饮料瓶、烟蒂、衣物、鞋子、包、手机、眼镜等。

（二）现场检材采集一般规则

现场检材采集一般遵循以下规则：

（1）先固定、后采集：在采集现场检材之前要先拍照、绘图、测量和记录，以便能显示物证的原始状态。

（2）直接提取：对于现场发现的各种检材均应直接提取，能够携带的物品应整体提取，不易携带的物品直接提取相应附着检材的部位。

（3）分别提取：现场不同部位的各种检材应分别提取，按检材的性质和特点单独包装，使用标准的物证袋或物证标签贴封，要注明物品名称、来源、数量、采集日期、编号等。

（4）详细记录：提取的检材必须详细登记：案件名称、提取地点及时间、提取部位、附着物体、提取方法、检材名称、数量、形状、颜色、大小、提取人、保存方法等，并进行唯一性标识。

（5）避免污染：必须戴手套持洁净器具进行采集，不可直接裸手采集。

（6）采集对照样本：在采集检材的同时，应根据案件的不同情况采集必要的对照样本，如被害人和嫌疑人的血液、唾液斑、毛发以及检材附近的空白材料等。

（7）尽快送检：采集的检材应尽快送检，如不能尽快送检，应冷冻保存或制成斑迹保存。

（8）避免损毁：提取的检材在包装和携带运送过程中应避免毁损、丢失。

（三）防止污染

采集检材时，应穿着工作服、戴手套、持洁净器具。对于严重犯罪现场，应穿戴一次性隔离衣、手套、口罩、帽子、鞋套。一次性手套必须戴过袖口。使用过的器械、一次性物品应妥善处理。

提取检材时使用的提取试剂，封装用瓶、盒、试管等容器，转移用载体必须经过无菌处理，无菌水或生理盐水应适时更换。

提取时一次只能提取一件检材。一次性提取用器械每提取一份检材后必须更换，非一次性器械每提取一份检材后必须重新清洗消毒。对于严重的犯罪现场，每提取一份检材后提取检材时所使用器械必须更换，禁止重复使用。禁止裸手触摸检材。

禁止多件检材混合包装，禁止重复使用封装材料。所有用于运送检材的容器，如冷藏用的箱子和盒子，在使用前后都应该清理干净。

（四）检材采集方法

1. 血液（斑）的采集

（1）血液，可直接用棉签采集，也可用一次性吸管采集。

（2）血斑，用纯水浸润的棉签采集。

（3）可剪切的大件物品（如地毯、被褥、床单等织物）上的血斑，剪取血斑连同周边空白部分，记录剪取位置。

（4）质地致密、不可剪切的大件载体（如水泥墙壁、水泥地面、家具）表面上的血斑，用无菌水浸润的棉签采集。木质类载体上的血斑，根据载体的情况，还可采用削取表面的方法采集。

（5）质地松软的载体（如砂灰墙、泥土）上的血斑，尽可能用纯水浸润的棉签采集，也可采用刮下的方法采集，注意应将血斑尽量全部提取且少混杂载体物质。采集泥土上的血斑时可以挖出带血的完整的土块，注意避免土块破碎，包装勿受挤压冲撞。

（6）皮肤表面、指甲缝内的血斑，可用纯水浸润的棉签/纱线采集；指甲上的血斑，可将血斑连同周边空白部分指甲剪下，也可用纯水浸润的棉签/纱线采集；附着在头发上的血斑，可连同头发一同剪下。

（7）采集尸体心腔血时，可制成纱布/滤纸血斑，或直接置于消毒抗凝试管内。

（8）冰雪上的血斑，可用棉签直接采集，也可采集带血的冰雪块，置于医用纱布上待其融化。

（9）对于现场吸吮过人血的昆虫（如蚊子），可将昆虫整体提取，或将血液从昆虫体内分离，制成纱布/滤纸血斑。

2. 精液（斑）的采集

（1）精液，可直接用棉签采集，也可用一次性吸管采集。

（2）精斑，可用纯水浸润的棉签采集。

（3）避孕套内的精液，可直接提取避孕套，注意打结扎住开口。

（4）可剪切的大件物品（如被褥、床单等织物）上的精斑，应先用记号笔标出精斑部位，剪取精斑连同周边空白部分，记录剪取位置。

（5）被害人阴道内外的精斑的采集按照由外到内的顺序，分段采集。一般用三个棉签，分别采集外阴部、阴道内、后穹隆三个部分的样本。

（6）可疑口交案件，应用棉签采集口腔样本；可疑鸡奸案件，应用棉签由浅而深分段采集肛门和直肠的样本。

3. 阴道分泌物的采集

（1）避孕套外表面可能留有不同量的阴道分泌物，需要时，可用纯水浸润的棉签采集。

（2）涉嫌强奸的嫌疑人其外生殖器可能留有被害人的阴道分泌物，可用纯水浸润的棉签采集。

4. 唾液（斑）的采集

（1）现场与案事件有关的烟蒂，应用镊子提取，并去掉烟灰。同时提取多个烟蒂时，必须单个、分别包装。

（2）可能遗留有唾液斑的小件物品（如饮料罐、信封口、邮票背面、口香糖、啤酒瓶、果核、茶杯、唇膏、烟嘴、吸管等），应整件提取。当容器内残存有液体时，禁止将液体倾倒出来，应将容器口向上、固定存放，避免液体流出。

（3）可能留有唾液斑的织物（如面罩、毛巾、手帕、衣物等），小件的应整件提取，大件的剪下可疑部分。提取时如有湿润部分应用记号笔标出部位。

（4）活体、尸体皮肤表面留有的咬痕或可疑的被舔吻部位，如乳头、口唇处可能遗留的唾液斑，用纯水浸润的棉签采集。

5. 汗液斑的采集

（1）怀疑带有汗液斑的小件物品（如帽子、袜子、手套等），应整件提取。

（2）大件织物（如衬衣、背心）上的汗液斑，可剪取衣领、袖口、腋下部位。

6. 毛发的采集

（1）需采集现场地面毛发时，进入现场的全体人员必须做好自身防护，穿戴一次性帽子、鞋子、隔离衣等，防止自身毛发脱落干扰。现场发现的毛发应分别提取、包装并记录下提取部位。禁止多处毛发混装。提取时注意须动作轻柔，防止拉断毛发。

（2）在强奸案中，注意提取被害人阴部的脱落毛发。

（3）在凶杀命案中，注意提取被害人手中的毛发。

（4）提取腐败尸体的毛发时，如果毛发潮湿，应在阴凉通风、可防止污染处自然晾干。

7. 组织的采集

（1）离体的小块人体脏器、肌肉、指（趾）甲等应整块提取。脏器、肌肉用聚乙烯塑料物证袋包装，低温保存送检。

（2）新鲜尸体可提取肌肉组织，引产时可提取胎儿的脑组织，刮宫时可提取确认的胎儿组织，腐败尸体可提取深层肌肉组织、肋软骨、指（趾）甲。

（3）附着在小骨片上的软组织可连同骨片一同提取。

（4）附着在大块骨骼、长骨上的软组织可将软组织剥离后提取。

（5）发现的牙齿要全部提取。

8. 脱落细胞的采集

（1）对于较大件织物如衬衣、汗衫上的脱落细胞，可剪取衣领、袖口、腋下部位。

（2）涉案人员使用过的牙刷、剃须刀、褪毛器可以整体提取。

（3）涉案人员贴身佩戴过的物品如戒指、手镯、手表等，可以整体提取。

（4）现场遗留的指纹、掌纹等，可能遗留有上皮细胞的检材，可用纯水浸润的棉签采集。

二、送检检材采集

（一）血液（斑）的采集

（1）血液，用一次性吸管吸取，滴入 1.5 mL 离心管 1~2 滴。

（2）可剪切的载体上的血斑，根据血色深浅判断血斑浓度，剪取适量加入 1.5 mL离心管。

（3）质地致密、不可剪切的载体表面上的血斑，用纯水浸润的棉签涂取后，剪入 1.5 mL 离心管。小块的可连同载体一起直接加入 1.5 mL 离心管。

（4）质地松软的载体（如砂灰墙、泥土）上的血斑，可用纯水浸润的棉签涂取后，剪入 1.5 mL 离心管。也可连同载体一起直接加入 1.5 mL 离心管，尽量少混杂载体物质。

（5）指甲上的血斑，可连同指甲直接加入 1.5 mL 离心管。

（6）头发上的血斑，可连同头发直接加入 1.5 mL 离心管。

（二）精液（斑）的采集

（1）精液，用一次性吸管吸取，滴入 1.5 mL 离心管 1 滴。

（2）可剪切的载体上的精斑，根据后篇精子检出法镜检确认的精子量，剪取适量加入 1.5 mL 离心管。

（三）唾液斑的采集

（1）烟蒂，剪取外层纸，加入 1.5 mL 离心管。

（2）瓶、杯、罐、吸管等，可用纯水浸润的棉签涂取后，剪入 1.5 mL 离心管。

（3）信封口、邮票、口香糖、面罩、手帕等，剪取适量加入 1.5 mL 离心管。

（四）汗液斑的采集

可用高效现场法医 DNA 物证采集仪、脱落细胞粘取器等在帽沿、衣领、袖口、腋下部位吸/粘取，取下配置的膜加入 1.5 mL 离心管。

（五）毛发的采集

直接将毛囊剪入 1.5 mL 离心管。

（六）组织的采集

（1）脑、肌肉等：剪取绿豆大小，加入 1.5 mL 离心管里。

（2）软骨：切去外层污染的软骨组织，切取中心适量软骨组织，加入 1.5 mL 离心管里。

（3）指（趾）甲：剪碎，加入 1.5 mL 离心管里。

三、使用高效现场法医 DNA 物证采集仪（SEC100）采集

高效现场法医 DNA 物证采集仪主要适用于从多孔粗糙表面采集检材。譬如建筑砖，由于具有渗透性，涂取采集方法不易获取，且会粘取大量的灰土，而 SEC100 将表面冲洗液喷到建筑砖表面，让其吸收溶解如血斑等，再负压真空回吸冲洗液，过滤去除灰土杂质，获得目标检材。

（一）系统设置

（1）打开 SEC100 电源开关（SEC100 上标识 Power）。

（2）打开表面冲洗液袋（SRS）的包装，将表面冲洗液袋挂在 SEC100 的压力室。

（3）无菌分离器及采样头准备：

1）打开无菌分离器及采样头的包装，取出无菌分离器及采样头，旋紧无菌分离器盖子（旋紧—松开—再旋紧）。

2）将采样头上的表面冲洗液开关向后扳，使其处于关闭状态。

3）将无菌分离器及采样头固定在支持臂上（注意！！不要污染接溶液的阳螺纹管接头）。

（4）打开 SEC100 伸长管的包装，取出粗细两根伸长管，将粗的伸长管一端连接无菌分离器上侧端的斜向管钩，另一端连接快速连接头后，连接 SEC100 上的真空连接口（SEC100 上标识 to MVAC）。

（5）将细的伸长管一端连接表面冲洗液袋上的塑料头，另一端连接采样头细管的连接头，连接时，挤压两边的头并旋转直到完全固定（注意！！不要接触

表面冲洗液袋接头上的橡胶隔膜)。

(6) 关上 SEC100 压力室的门并确定已锁上,打开液体加压开关(SEC100 上标识 Solution Pressure)。加压后,低压显示灯(SEC100 上标识 Low)就会熄灭。

(二) 采样

(1) 打开 SEC100 上的真空开关(SEC100 上标识 Vacuum),当真空泵打开后,重新旋紧无菌分离器的盖子。

(2) 将采样头贴近认为有检材附着的载体表面,尽量将所有采样头上有弹性的突起轻微接触到载体表面。

(3) 开始采样时,打开采样头上的表面冲洗液开关,将采样头从载体表面的上方往下拉,同时施加一点压力,移动速率在 6~12 cm/s。到下方位置后,关闭采样头上的表面冲洗液开关,回到上方,重复上述步骤,一般采集相同的区域一次到两次。也可以由上而下,再由下而上地来回采集,中间不关闭采样头上的表面冲洗液开关。

(4) 移到紧贴刚采集区域旁的上方,重复上述采集过程,直到需要采集的区域全都被采样,与上述采集区域可以有 30%的重叠面积。

(5) 在采集过程中需要更换样本收集瓶时,关闭 SEC100 上的真空开关,移去已满的样本收集瓶,并替换上无菌的空样本收集瓶。

(6) 如果还需要用现有的无菌分离器及采样头采集更多的样品(该无菌分离器及采样头被认为已被污染了),放置一个新的样本收集瓶在无菌分离器上,重复上述采样步骤。

(7) 当对载体表面一个较小面积进行采集时,要确保采样头对整个区域进行了采集,并至少要收集 30 mL 的表面冲洗液。

(三) 采集时无菌分离器的朝向

确保在采集过程中,无菌分离器一直保持向上的位置。否则会减少采样头的气流,从而降低采集系统的效率。采样时将无菌分离器放在 SEC100 的夹子上,或者采集者穿着的专用马甲的夹子上,可确保无菌分离器保持向上的位置。

(四) 移除/更换无菌分离器及采样头

(1) 关掉真空开关。

(2) 关掉液体加压开关。

（3）将粗的伸长管从无菌分离器上侧端的斜向管钩上拉开。

（4）将细的伸长管与采样头细管断开（注意：细的伸长管上的单向阀不要拔下，否则会导致表面清洗液喷出）。

（5）从夹子上取下无菌分离器及采样头，丢弃。

（6）打开并连接一个新的无菌分离器及采样头。

（五）更换表面冲洗液袋

（1）关掉液体加压开关，使压力室内减压。

（2）打开表面冲洗液袋的包装。

（3）打开压力室，取下用完的表面冲洗液袋。

（4）断开与细的伸长管的连接，丢弃。

（5）连接新的表面冲洗液袋。

（六）移除/更换样本收集瓶

（1）关闭真空开关。

（2）将样本收集瓶从无菌分离器上旋开。

（3）在取下的样本收集瓶上加盖并旋紧。

（4）如果无菌分离器及采样头继续用于采集样本，将一个新的样本收集瓶旋紧到无菌分离器上。

（七）过滤样本

（1）打开一个新的真空抽滤漏斗包装。

（2）将粗的伸长管与无菌分离器及采样头断开，连接到真空抽滤漏斗的真空接口上。

（3）在整个抽滤过程中，保持真空抽滤漏斗向上。

（4）打开抽滤漏斗上的盖子，打开 SEC100 仪的真空开关。

（5）将样本收集瓶中的溶液摇匀并缓缓倒入抽滤漏斗中。

（6）持续抽真空到所有的溶液从漏斗中过滤完毕。

（7）如果需要，可以关掉真空开关，将抽滤漏斗下面的瓶取下，将瓶中的过滤液倒回样本收集瓶中，摇匀，然后打开真空开关，重新抽滤。

（8）如果需要，在抽滤最后，可以用纯水清洗抽滤漏斗的侧壁。

（9）取下滤膜用于后续 DNA 检验。

四、比对样本的采集

为与现场法医物证进行比较而采集的样本称作比对样本,主要指人员样本。

(一) 人员样本范围

(1) 各类案件,涉案的嫌疑人,需要时包括被害人。

(2) 涉嫌性侵案件,涉案的嫌疑人、被害人、被害人的性伴侣。

(3) 未知名尸体案件,疑似父母、配偶、子女、兄弟、姐妹。

(4) 涉及父系遗传关系案件,父系相关的男子,包括祖父、父亲、兄弟、儿子、孙子、叔侄、堂兄弟、堂叔侄等。

(5) 涉及母系遗传关系案件,母系相关的人员,包括外祖母、母亲、兄弟、姐妹、女儿、外孙女、姨、表姨、表姐妹等。

(二) 人员样本的采集

(1) 作为比对样本的人员血样,一般采用一次性采血针,从指尖或耳垂采取,采血前局部酒精棉球消毒,血样直接涂于 FTA 卡或滤纸或洁净的医用纱布上,阴凉干燥处自然晾干制成血斑,置于透气的物证袋中,并做好标记。

(2) 也可提取人员的口腔上皮细胞,被提取人应先用清水漱口,然后用消毒无菌棉签在口腔内壁(上颚、颊部)擦拭 5~8 次,将无菌棉签在阴凉干燥处晾干,置于透气的物证袋中,并做好标记。

(3) 特殊情况下,也可提取人员的毛发作为比对样本,应拔取带有完整毛囊的毛发 5~8 根,置于透气的物证袋中,并做好标记。

| 第二章 |

检材的保存与送检

一、检材的保存

对于采集的检材，应根据检材的特性采取适当方法和严格措施进行保存，确保检材不变质、不腐败、不降解、不受污染。

（1）各种斑迹均应经干燥处理，防止霉变。检材应在空气中自然干燥，必须放置在防污染的区域，如无菌的干燥柜等。干燥后的检材应该在室温阴凉干燥处保存，避免太阳直射。纸袋、纸箱都有利于样品的干燥。

（2）提取的血液、精液、唾液等液体检材应用无菌干净的封装材料密封盛放，标记清楚，4℃低温冷藏或-70～-20℃冷冻保存。

（3）提取的各种脏器、肌肉、骨骼等均应独立包装，标记清楚，-70～-20℃冷冻保存。

（4）提取的毛发、指（趾）甲等干燥保存。

（5）冷冻保存的检材，应尽量避免反复冻融，以免造成DNA的降解。

（6）被害人与嫌疑人的比对样本应分开保存；多个犯罪嫌疑人（被害人）的比对样本也应分开保存。

（7）提取的检材必须有专人负责保管。

（8）办案单位至少应保存检材至案件审理终结后2年。

二、检材的包装

包装检材的封装材料，应尽可能地适合检材大小和性质。盛放检材的容器使用前要消毒、灭菌。每份检材都应独立包装、密封、标记。斑迹检材应使用透气的封装材料如纸袋、纸盒，不得放在不透气的聚乙烯塑料袋或容器中。所有检材应该进行合适的第二次包装,以便送往检验单位。必要时可以使用国际生物危险标记。

三、不同检材的送检要求

各种体液、肌肉、脏器、软骨等容易腐败的检材冷藏送检。各种斑迹、毛发、指(趾)甲等干燥检材常温送检。骨骼、牙齿冷藏或干燥后常温送检。毛发、脱落细胞应及时送检。

知识点

1. 法医物证学

法医物证学(forensic genetics)是以法医物证为研究对象,以提供科学证据为目的,研究应用生命科学技术解决案件中与人体有关的生物检材鉴定的一门科学。

2. 证据

能证明案件真实情况的一切事实。基本特征: ① 客观存在的事实;② 同案件事实有客观联系的事实。表现形式(刑诉法): ① 物证、书证;② 证人证言;③ 被害人陈述;④ 被告人供述、辩解;⑤ 鉴定结论;⑥ 勘验、检查笔录;⑦ 视听资料。

3. 物证

物证(material evidence)是能够以本身所具有的物质特征证明案件真实情况的物品和物质痕迹。基本特征如下:

(1) 物质性　物品的外部特征——外形、颜色、体积、数量、重量、存在的位置等。物品的内部特征——物理结构、化学成分、生物成分及特性。

(2) 间接性　借助于检验与鉴定。

(3) 客观性　不受主观因素影响。

4. 物证的种类

物质主要包括: 物品物证、痕迹物证、文书物证、音像物证、化学物证、生物物证。

5. 法医物证

法医物证是指能够以其生物成分和特性来证明案件事实的生物物证。基本特征为稳定性受环境条件影响,对科学技术有很强的依赖性。种类包括血液(斑)、唾液(斑)、尿液(斑)、精液(斑)、汗液(斑)、阴道分泌物、组织器官、骨骼、牙齿、毛发、皮屑等。

温馨提示

(1) 应有两名技术人员协同进行现场检材的采集,一名负责物证的提取,一名负责照相固定和检材标识。

(2) 以涂取方法提取现场生物检材的,采用婴儿用纸轴棉签加 1.5 mL 离心管组合进行提取最佳,原因如下: 一是婴儿用棉签的棉签头小,即使采用两步擦拭法提取，两个棉签头一起放入 1.5 mL 离心管也不会影响 DNA 提取；二是纸轴容易折断，特别是在现场，提取后可直接将棉签放入 1.5 mL 离心管，合上离心管盖子形成支撑点，很容易地折断棉签，棉签头滑入离心管，省去了剪刀的使用；三是回到实验室后，可以直接将 DNA 提取试剂加入装有现场检材的 1.5 mL 离心管，进行 DNA 提取，减少了检材转移步骤，进一步降低了实验室内检材搞错和污染的概率。

（3）口香糖不要装在牛皮纸信封和塑料袋里，可装在硬质容器里。

（4）剪去指甲时，注意不要剪得太深，避免带下皮肤组织，干扰对指甲垢的分析。

（5）剩余检材及载体应该及时退还送检单位保管，DNA 实验室不是最佳保管场所，原因如下：一是 DNA 实验室承担着本地区全部案件的检验任务，空间再大，也会很快被塞满的；二是 DNA 实验室承担着太多的重大案件，随着时间的推移，人员的调动，实验室的改建等，如果没有一个良好的管理，很容易造成遗忘；三是基层送检单位建有物证室，且每个单位涉及的重大案件有限，哪些案件未破最为清楚，有利于相关物证的长期保存。

（6）常见与现场无关的检材有现场勘查人员遗留的烟蒂、毛发、触摸的痕迹等，为此，与现场相关的法医 DNA 实验室应该建立现场勘查人员质控库。

我的心得

物证检验篇

DNA 证据只是证据链中的一环，只能证明嫌疑人的生物物证出现在现场，并不能证明嫌疑人到过现场。

第三章

前 期 检 验

一、血斑前期检验

血斑前期检验一般包括肉眼检查、预试验、确证试验、种属鉴定。目前，法医 DNA 实验室对法医物证的血斑前期检验主要是两个部分：预试验和种属鉴定。

（一）预试验——联苯胺试验

1. 试剂

（1）联苯胺无水乙醇饱和液。

（2）3%过氧化氢溶液。

（3）冰醋酸。

2. 试剂配制

（1）联苯胺无水乙醇饱和液：适量无水乙醇中加入固体联苯胺，振荡摇匀至固体联苯胺不完全溶解。

（2）3%过氧化氢溶液：30%过氧化氢溶液 1 mL 加纯水 9 mL。

（3）检验方法。

取检材少许放在滤纸上，或用滤纸轻轻擦拭可疑斑迹，依次加冰醋酸、联苯胺无水乙醇饱和液、3%过氧化氢溶液各一滴，检材或滤纸擦拭处立即呈现翠蓝色为阳性反应。

（二）预试验——鲁米诺检验

1. 试剂

（1）鲁米诺粉末。

（2）过氧化氢粉末。

2. 试剂配制

按 1∶5 比例，分别将鲁米诺粉末 0.1 g 与过氧化氢粉末 0.5 g 放入容器中，加入 100~200 mL 纯水溶解。

3. 检验方法

直接将上述配制成的液体喷洒在斑迹上，立即呈现蓝色荧光为阳性反应。

（三）种属鉴定——金标试剂条法

1. 试剂

（1）人血红蛋白金标检验试剂盒。

（2）纯水。

2. 检验方法

（1）将待检样品用纯水浸泡溶解，稀释为淡粉色或无色。

（2）将试剂盒剪开，取出试剂条，将带有 MAX 标志一端插入到待测液中。

（3）室温静置 5 min，观察结果。

3. 结果判断

（1）阳性结果：出现两条带，即质控线及检测线均呈紫红色，表示样品中检出人血。

（2）阴性结果：出现一条带，仅有质控线为紫红色，表示样品中无人血。

（3）无效结果：未出现条带，或在检测线出现紫红色条带，表示试剂盒失效，需更换试剂盒重新检验。

二、精斑前期检验

（一）精子检出法

1. 试剂

（1）酸性品红液。

（2）靛蓝胭脂红液。

（3）1%盐酸。

（4）无水乙醇。

（5）生理盐水。

(6) 无水甲醇。

2. 试剂配制

(1) 酸性品红液：取分析纯酸性品红 0.25 g 和分析纯硫酸铝 12.5 g，加入 200 mL 纯水溶解，移至容量瓶，加纯水定容至 250 mL。

(2) 靛蓝胭脂红液：取分析纯靛蓝胭脂红 0.5 g，加 100 mL 纯水溶解，先后加入分析纯盐酸 1 mL 和分析纯甘油 1 mL，混匀。

3. 检验方法

取少量可疑斑迹用适量生理盐水浸泡后，涂于载玻片上，干燥后，用无水甲醇固定分别用酸性品红液染色数秒，1%盐酸洗涤，靛蓝胭脂红液染色数秒钟，无水乙醇洗涤，干燥后镜检。精子头部被染成红色，尾部被染成蓝色。如果是混合斑，可以观察到被染成蓝色的上皮细胞。

(二) 金标试剂条法

1. 试剂

(1) 人 PSA 金标检验试剂盒。

(2) 纯水。

2. 检验方法

(1) 剪取适量待检检材放入 1.5 mL 离心管，加入适量纯水浸泡数分钟。

(2) 将试剂盒剪开，取出试剂条，将带有 MAX 标志一端插入到待测液中。

(3) 室温静置 5 min，观察结果。

3. 结果判断

(1) 阳性结果：出现两条带，即质控线及检测线均呈紫红色，表示检材中存在人前列腺特异抗原。

(2) 阴性结果：出现一条带，仅有质控线为紫红色，表示检材中不存在人前列腺特异抗原。

(3) 无效结果：未出现条带，或在检测线出现紫红色条带，表示试剂盒失效，需更换试剂盒重新检验。

| 第四章 |

DNA 提取

除了血样、唾液斑可以采用免提取直扩方法，一般需通过 DNA 提取从检材中获得样本 DNA。DNA 提取方法包括有机溶剂法、聚苯乙烯二乙烯基苯树脂法（Chelex－100 法）、硅珠法、磁珠法、十六烷基三甲基溴化铵法、硅胶膜吸附法、FTA 卡法、全自动工作站法等多种，在实际应用中，根据现场物证的量、降解程度、污染程度，主要采用聚苯乙烯二乙烯基苯树脂法（Chelex－100 法）、磁珠法、硅胶膜吸附法，以及全自动工作站法。

一、聚苯乙烯二乙烯基苯树脂法

聚苯乙烯二乙烯基苯树脂法（Chelex－100 法）是一种由苯乙烯、二乙烯苯共聚体组成的化学螯合树脂，可螯合多价离子，特别是高价金属离子，通过离心沉淀 Chelex－100 颗粒后，DNA 就游离在上清液中。

（一）聚苯乙烯二乙烯基苯树脂溶液（Chelex－100 溶液）的配制

称取 5 g Chelex－100，加 100 mL 纯水，4℃保存。

（二）血液和血斑的 DNA 提取

（1）取抗凝血 5 μL，或血斑 9 mm^2，放入 1.5 mL 离心管里，加入 1 mL 纯水，室温放置 30 min 以上。

（2）14 000 r/min 离心 5 min，去上清液，沉淀中加入 120～180 mL 的聚苯乙烯二乙烯基苯树脂溶液（根据血样浓度而定），振荡混匀，56℃水浴中保温 30 min 以上。

（3）振荡混匀，沸水或干浴 100℃保温 8 min 以上。

（4）14 000 r/min 离心 5 min，取适量上清液用于 PCR 扩增或 4℃保存。

（三）精斑的 DNA 提取

（1）显微镜下确认精子，取适量检材，剪碎放入 1.5 mL 离心管里，加入 1 mL TNE 缓冲液，56℃水浴中保温 30 min。

（2）14 000 r/min 离心 5 min，去上清液，沉淀物中加入适量的聚苯乙烯二乙烯基苯树脂溶液、蛋白酶 K、DTT（二硫苏糖醇），比例为：每 150 μL 溶液中，加入 2 mg/mL 蛋白酶 K 10 μL，1 mol/L DTT（二硫苏糖醇）7 μL，振荡摇匀，56℃水浴中保温 2 h。

（3）振荡摇匀，沸水或干浴 100℃中保温 8 min。

（4）14 000 r/min 离心 5 min，取适量上清液用于 PCR 扩增或 4℃保存。

（四）混合斑的 DNA 提取

（1）显微镜下确认精子，取适量检材，剪碎放入 1.5 mL 离心管里，加入适量 TNE 缓冲液（记住加入的量，涉及其他试剂的加入量），56℃水浴中保温 30 min。

（2）加入适量的 20% SDS（十二烷基硫酸钠）和蛋白酶 K，比例为：每 1 mL TNE 缓冲液中加入 20% SDS（十二烷基硫酸钠）20 μL，2 mg/mL 蛋白酶 K 10 μL，56℃水浴中保温 1～2 h 以消化女性上皮细胞。

（3）将上述溶液转移至放有底部带孔套管的 1.5 mL 离心管中，14 000 r/min 离心 5 min。

（4）去上清液和套管（去除固体检材），沉淀物用 TNE 缓冲液重悬，离心漂洗数次，涂片，显微镜下确认精子的存在，女性上皮细胞消化完全［如果女性上皮细胞消化不完全，可重复（2）～（4）步骤，直至女性上皮细胞消化完全］。

（5）沉淀物中加入适量的聚苯乙烯二乙烯基苯树脂溶液、蛋白酶 K、DTT（二硫苏糖醇），比例为：每 150 μL 溶液中，加入 2 mg/mL 蛋白酶 K 10 μL，1 mol/L DTT（二硫苏糖醇）7 μL，振荡摇匀，56℃水浴中保温 2 h。

（6）振荡摇匀，沸水或干浴 100℃保温 8 min。

（7）14 000 r/min 离心 5 min，取适量上清液用于 PCR 扩增或 4℃保存。

（五）组织的 DNA 提取

（1）脑、肌肉等组织：取绿豆大小，剪碎，匀浆器研磨，移入 1.5 mL 的离心管里；软骨组织：切去外层污染的软骨组织，取中间部位适量软骨组织，敲击碾碎，移入 1.5 mL 的离心管里。

（2）沉淀中加入生理盐水，振荡摇匀，14 000 r/min 离心 3 min，去上清液，反复两次。

（3）沉淀中加入聚苯乙烯二乙烯基苯树脂溶液 200 μL，蛋白酶 K 溶液 20 μL，振荡混匀，56℃水浴中保温 1～2 h，至组织被完全消化。

（4）振荡混匀，沸水或干浴 100℃中保温 8 min。

（5）14 000 r/min 离心 5 min，取适量上清液用于 PCR 扩增或 4℃保存。

（六）唾液斑的 DNA 提取

（1）烟蒂直接剪取过滤嘴端外层纸放入 1.5 mL 离心管内，加入 1 mL 纯水或生理盐水洗涤，14 000 r/min 离心 5 min，去上清液。

（2）其他含有唾液斑的检材，如口香糖、信封、邮票、饮料瓶口或杯口处斑迹等，用纯水或生理盐水润湿的棉签涂抹斑迹处，棉签放入 1.5 mL 离心管内。

（3）上述检材中加入聚苯乙烯二乙烯基苯树脂溶液（烟蒂 140 μL，其他根据检材情况加入 70～100 μL），2 mg/ml 蛋白酶K 5～10 μL，振荡混匀，56℃水浴中保温 1 h。

（4）振荡混匀，沸水或干浴 100℃保温 8 min。

（5）14 000 r/min 离心 5 min，取适量上清液用于 PCR 扩增或 4℃保存。

（七）毛发（带毛囊）的 DNA 提取

（1）取毛发的毛根部分（有毛囊），放入 1.5 mL 离心管内，加入聚苯乙烯二乙烯基苯树脂溶液 20 μL、2 mg/mL 蛋白酶 K 10 μL，1 mol/L DTT（二硫苏糖醇）7 μL，56℃消化至完全溶解。

（2）沸水或干浴 100℃保温 8 min。

（3）14 000 r/min 离心 5 min，取适量上清液用于 PCR 扩增或 4℃保存。

（八）汗斑、脱落细胞的 DNA 提取

（1）用纯水或生理盐水润湿的棉签涂抹斑迹处，棉签放入 1.5 mL 离心管内，加入 1 mL 纯水或生理盐水，室温放置 15 min。

（2）14 000 r/min 离心 5 min，去上清液，沉淀物中加入聚苯乙烯二乙烯基苯树脂溶液 70 μL，2 mg/mL 蛋白酶 K 5 μL，振荡混匀，56℃水浴中保温 1 h。

（3）振荡混匀，沸水或干浴 100℃保温 8 min。

（4）14 000 r/min 离心 5 min，取适量上清液用于 PCR 扩增或 4℃保存。

二、磁珠法

磁珠是在硅胶外表涂上一层磁性树脂而成，特异性地吸附细胞裂解后释放出来的DNA。采用磁珠法提取DNA有手工提取法和全自动工作站提取法两种。目前，大部分实验室采用全自动工作站提取法，而绝大部分核酸提取工作站采用的是磁珠法。

（一）手工提取法

1. 试剂

（1）裂解缓冲液："lysis buffer"缓冲液100 μL加1 mol/L DTT（二硫苏糖醇）1 μL。

（2）洗脱缓冲液：等体积无水乙醇加异丙醇。

（3）磁珠液。

2. 方法

（1）取适量检材，放入1.5 mL离心管内，加入裂解缓冲液150~250 μL，95~100℃水浴/干浴30 min以上。

（2）将上述溶液转移至放有底部带孔套管的1.5 mL离心管中，14 000 r/min离心5 min，去套管（去除载体）。

（3）旋涡振荡磁珠液，使磁珠悬浮，取7 μL磁珠液加入上述含有检材和裂解缓冲液的离心管。

（4）短暂振荡混匀后室温放置5 min。

（5）将离心管置于磁力架上，吸附磁珠，然后用吸管小心吸弃液体。

（6）加入100 μL裂解缓冲液，重复步骤（4）~（5）。

（7）加入100 μL洗脱缓冲液，将离心管置于磁力架上，吸附磁珠，然后用吸管小心吸弃液体。重复2次，共洗涤3次。

（8）打开离心管盖，把离心管放在磁力架上，在室温下干燥5 min（不要超过20 min，以免DNA难于洗脱）。

（9）估计检材含DNA量的情况，酌情加入25~100 μL纯水，短暂旋涡振荡，置于65℃ 5 min，让DNA从磁珠上游离出来。

（10）短暂旋涡振荡，立即将离心管置于磁力架上，分离磁珠和DNA，小心将洗脱的DNA溶液转移到新的离心管中备用。

（二）骨骼专用试剂盒手工提取法

1. 试剂

骨骼专用磁珠法 DNA 提取试剂盒（博坤生物）。

2. 方法

（1）取 2~3 g 骨粉放入 10 mL 离心管中，加入 4.5 mL 骨粉孵育液和 10 mg/mL蛋白酶 K 500 μL，混匀后，51℃孵育 24~48 h。孵育期间需要剧烈摇匀至少 5~6 次，并在孵育 24 h 左右时补加 10 mg/mL 蛋白酶 K 500 μL。

（2）5 000 r/min 离心 7 min，取上清液，根据上清液体积选择"Amicon Ultra－4"或"Amicon Ultra－15"超滤离心管，将上清液加入超滤管中超滤至 350 μL 以内，将超滤后的 DNA 溶液转移至新的 1.5 mL 离心管中。

（3）在取出的上清溶液中加入 2.5~3 倍体积的骨骼吸附液和 30 μL 的骨骼专用磁珠，混匀后放入翻转摇匀仪上，中速旋转吸附 20 min。

（4）室温吸附后，可用大体积离心机 7 500 r/min 离心 7 min，去掉上清液，留下 0.5 mL 以内体积的磁珠吸附液，将磁珠吸附液转移到新的 0.5 mL 离心管中，将 0.5 mL 离心管放在磁力架上磁吸 1 min 或用相应的离心机 12 000 r/min 离心 3 min，弃上清液。

（5）加入 200 μL 配制好的洗涤液，盖上离心管盖，在离心管不离开磁力架的情况下，颠倒磁力架 2~3 次，将离心管管盖洗净，之后旋涡振荡混匀，混匀后立即放回磁力架，磁吸 10 s，先吸弃管盖中的液体，然后吸弃所有液体。

（6）重复步骤（5）一次。

（7）加入 85%乙醇 200 μL，盖上离心管盖，在离心管不离开磁力架的情况下，颠倒磁力架 2~3 次，将离心管管盖洗净，旋涡振荡混匀，混匀后立即放回磁力架，磁吸 10 s，先吸弃管盖中的液体，然后吸弃所有液体。

（8）于磁力架上室温开盖干燥 5~10 min。

（9）加入 8~30 μL 纯水，旋涡振荡混匀，65℃温浴 10 min，其间可振荡 3~5 次，温浴后旋涡振荡，混匀后立刻放到磁力架上，磁吸 10 s，吸出溶液放于另一离心管中保存待用。

（三）QIAGEN BIO ROBOT EZ1 全自动工作站法

1. 检材准备

（1）取出一个样品管（平底管），将适量检材剪入管中，加入"G2"试剂

190 μL及PK酶10 μL,混匀,56℃水浴(或干浴)1 h。

(2) 离心备用。

2. 仪器使用

(1) 开机(开关在机器左后方)。

(2) 机器自动运行后,向上推开机器护罩,在机器靠内的架子上放入试剂条(注意卡紧,一个样本一条)。

(3) 在机器靠外的架子上放入下列耗材:在"1"的位置放入洗脱产物管(圆底管);在"2"的位置放入枪头套及枪头;在"4"的位置放入样品管,关上机器护罩。

(4) 按"START"键(长按3 s左右),按"2"键(选择带载体的样本提取),按"1"或"2"键(选择洗脱液水或TE),按"1"或"2"或"3"键(选择洗脱体积50 μL、100 μL、200 μL),按"2"键(确认上述选择)。

(5) 机器显示放置样本及耗材的次序(因为已经放置好,所以只用按5次"1"键即可)。

(6) 最后按"START"键开始提取,程序大概需要20 min左右。

3. 后续处理

(1) 打开仪器护罩,取出洗脱产物管,准备扩增。

(2) 清理仪器上废弃物,包括枪头、检材管及试剂条。

4. 注意事项

(1) 不要在机器开机的状态下去拔程序卡。

(2) 由于样品管及洗脱产物管均带有独立的螺旋盖,因此样本的名称、编号一定要用记号笔在管子及管盖上标记明确。

(四) BK-TQ-001E全自动96道微量DNA提取工作站

1. 检材处理

将检材剪入消化过滤板中,建议微量检材和常量检材分别放在不同的消化过滤板中。

2. 录入代号

在工作站的服务器电脑桌面打开Excel表格"96孔样本数据导入模板",输入"样本板名",录入代号,所有微量检材的位置都输入"1",所有常量检材的位置都输入"2"。保存,关闭。

3. 导入表格

在电脑桌面打开"博坤全自动化登录",输入账号和密码登录,鼠标左键依次点击“导入 96 孔样本表”“上传”“桌面”“96 孔样本数据导入模板”“打开”“导入”。

4. 修改洗脱体积

左键选中刚刚导入的样本板，点击“添加检材”。

单独修改：点击“96 矩阵”，单击需要修改的孔，在弹出的窗口中修改洗脱体积，“保存”“关闭”。

批量修改：点击“列表”，再点击“检材编号”可以让所有检材根据名称升序或者降序排列，选中所有需要修改的检材，点击“批量修改”，在弹出的窗口中修改“洗脱体积”“保存”“关闭”。

建议微量洗脱体积 45 μL，常量洗脱体积 80～100 μL。

5. 创建提取表

选中已修改过洗脱体积的样本板，点击上方的“创建 DNA 提取表”“确定”。

6. 创建实验

在左侧菜单栏点击“实验管理”，然后在右侧窗口中点击“创建实验”，在弹出的窗口中选择“提取表名称”（刚才创建的），并准确选择“程序名称”（必须与提取表孔数一致），“保存”。

7. 打开电源

开关在仪器右侧腰线位置。

8. 摆放耗材

（1）打开相应人份的试剂盒，并把所有耗材拆封、撕膜，按照标签提示，放到工作站平台的对应位置。

（2）把样本板“S1”“S2”“S3”“S4”放到工作站平台的对应位置。

（3）在 4℃冰箱中拿出一个洗脱液的试剂槽，拆封、撕膜后放到“L3”位置。

（4）拉开工作站右下方的门，抽出垃圾桶，确保垃圾桶是空的，套上一个专用垃圾袋。

确保所有板位方向都是标签朝外，且所有的膜都已撕掉。

9. 启动实验

在电脑上左键选中刚才创建的实验，点击“启动”，根据弹出的向导，点击右侧按钮依次查看，再确认一遍垃圾袋、吸头盒、试剂槽、样本板、试剂板放置正确，点击“启动”“确定”。

10. 收取模板

实验结束后，用冷封膜将“F2”板位的洗脱板封严（扩增加样前必须先离心、再撕膜），在正面标签位置做标记。

11. 清理垃圾　抽出垃圾桶，将"T2""T3"枪头盒、"L1""L3"的试剂槽扔到垃圾桶内，系好垃圾袋，处理。

12. 关闭电源　仪器各模块复位完成后（实验结束后 3 min），关闭工作站电源，禁止关闭电脑。

13. 注意事项

（1）设备启动后禁止按"暂停"键添加新的检材。设备暂停时间过长会影响后续实验步骤，导致设备报错。

（2）批量修改洗脱体积时，如检材量超过当前页面显示的数量时，注意需翻页修改。

（3）该设备对环境温湿度有特殊要求，需在使用记录登记表上如实记录，以备公司技术支持人员对设备的使用状态有详尽了解。

三、硅胶膜吸附法

通过硅胶膜吸附细胞裂解后释放出的 DNA，并经蛋白酶消化、漂洗液清洗除去蛋白质、脂质以及多糖等杂质，得到纯化的样本 DNA。目前，主要有 QIAGEN 公司的 QIAamp DNA 提取试剂盒的手工提取法和配套的 QIAcube 全自动工作站提取法两种。

（一）手工提取法（以 QIAamp DNA Mini Kit 为例）

（1）将适量检材剪入 1.5 mL 离心管中，加入"Buffer ATL"缓冲液 180 μL，85℃水浴中保温 10 min。

（2）10 000 r/min 离心 30 s，加入"Proteinase K solution"试剂 20 μL，如检材为精斑、毛发等还须加入 1 mol/L DTT（二硫苏糖醇）20 μL，振荡混匀，56℃水浴（或干浴 900 r/min 振摇）中保温 1 h。

（3）10 000 r/min 离心 30 s，加入"Buffer AL"缓冲液 200 μL，彻底混匀，56℃水浴中保温 10 min。

（4）10 000 r/min 离心 30 s，加入无水乙醇 200 μL，充分混匀。

（5）10 000 r/min 离心 30 s，小心将混合物移至"QIAamp Spin Column"过滤柱（套收集管），注意不要弄湿管壁，盖上盖子，8 000 r/min 离心 1 min，弃收集管，将"QIAamp Spin Column"过滤柱移至新的收集管。

（6）小心打开盖子，加入"Buffer AW1"缓冲液 500 μL，盖上盖子，8 000 r/min

离心 1 min,弃收集管,将"QIAamp Spin Column"过滤柱移至新的收集管。

(7) 小心打开盖子,加入"Buffer AW2"缓冲液 500 μL,盖上盖子,14 000 r/min 离心 3 min,弃收集管,将"QIAamp Spin Column"过滤柱移至新的 1.5 mL 离心管。

(8) 小心打开盖子,估计检材含 DNA 量的情况,酌情加入 25~100 μL 纯水,室温保温 5 min 以上,8 000 r/min 离心 1 min,上清液用于 PCR 扩增。

(二) QIAcube 全自动工作站提取法

1. 检材预处理

(1) 将适量检材剪入 1.5 mL 离心管中,加入"Buffer ATL"缓冲液 300 μL 及"Proteinase K solution"试剂 20 μL,如检材为精斑、毛发等还须加入 1 mol/L DTT(二硫苏糖醇)20 μL,混匀,56℃水浴(或干浴 900 r/min 振摇)1 h。

(2) 离心备用。

2. 仪器使用

(1) 仪器运行前准备工作

1) 向上推开机器护罩,将 1 mL 枪头放入相应位置,建议两排均放满枪头。

2) 将试剂瓶瓶盖上标有"AL""AW1""AW2""无水乙醇""水"的盖子取下,注意看看试剂瓶内试剂是否足够。

3) 离心机塑料适配器和样品放置。

A. 将"QIAamp MinElute"柱上面部分取下放置"1"位置,注意"QIAamp MinElute"柱上的盖子要完全放入"L1"槽内。

B. 将 1.5 mL 离心管(注意为该产品自带的管子)标记样品编号,放置"3"位置,注意离心管上的盖子要完全放入"L3"槽内。

C. 将裂解好的样本吸入 2 mL 管子("QIAamp MinElute"柱下面部分),在管壁上标记样品编号。

D. 样品和离心机适配器(标号一一对应)摆放。

注意振荡器架插件必须放到边缘的槽内,确保上样检查可检测到样品。

(2) 仪器开机运行

1) 开机(开关为机器右下方的蓝色按钮)。

2) 选择 DNA 方框。

3) 用"▲""▼"选择"QIAamp DNA Investigator"栏,按"Select"键。

4) 用"▲""▼"选择"Forensic casework samples"栏,按"Select"键。

5) 用"▲""▼"选择"Purification"栏,按"Select"键。

6）按“Edit”键，再按“Select”键，再按“+”“-”键选择洗脱体积，按“Save”键保存。

7）按“Start”键，接着按“Next”键，直至程序开始初始化检查，并自动运行，程序运行完显示“Loading check”之后方可离开。机器运行程序大概需要 40 min 左右。

8）程序结束，取出最终得到的产物，丢弃样品管，离心机塑料适配器，清空废弃槽。

3. 注意事项

（1）不要在机器开机的状态下去拔程序卡。

（2）由于样品管及洗脱产物管均带有独立的螺旋盖，因此样本的名称、编号一定要用记号笔在管子及管盖上标记清楚。

（3）该设备的门在运行期间必须保持关闭，只有当软件要求打开时才可以打开。

四、其他方法

（一）有机溶剂法

1. 试剂

（1）细胞溶解缓冲液。

（2）蛋白溶解缓冲液。

（3）DNA 提取缓冲液。

（4）TNE 缓冲液。

（5）TE 缓冲液。

（6）5×精子提取液。

（7）Centricon^{TM}-100 过滤浓缩柱。

（8）10% SDS（十二烷基硫酸钠）。

（9）DDT（二硫苏糖醇）。

（10）饱和酚和氯仿。

（11）无水乙醇和 70%乙醇溶液。

（12）3 mol/L NaCl（氯化钠）或 NaAc（乙醋酸钠）溶液。

（13）2 mg/L 蛋白酶 K。

2. 配制

（1）细胞溶解缓冲液（CLB）：0.64 mol/L 蔗糖，0.01 mol/L $MgCl_2$，0.02 mol/L Tris-HCl（pH 7.6），2% TritonX-100。

（2）蛋白溶解缓冲液（PLB）：75 mmol/L NaCl，24 m mol/L EDTA－Na_2 pH 8.0。

（3）DNA 提取缓冲液：10 mmol/L Tris－HCl，（pH 8.0），10 mmol/L EDTA，100 mmol/L NaCl，2% SDS，39 mmol/L DTT。

（4）TNE 缓冲液：10 mmol/L Tris－HCl，5 mmol/L EDTA（pH 8.0），100 mol/L NaCl。

（5）TE 缓冲液：10 mmol/L Tris－HCl，（pH 7.5），1 mmol/L EDTA。

（6）5×精子提取液：50 mmol/L Tris－HCl，50 mmol/L EDTA（pH 8.0），500 mmol/L NaCl，10% SDS，0.5 mol/L DTT。

3. *方法*

（1）血液

1）取适量血液加入等体积细胞溶解缓冲液，混匀至透明。

2）离心后去上清液，沉淀中加入蛋白溶解缓冲液匀浆。

3）加入 SDS 和蛋白酶 K，37℃消化 4 h 以上。

4）加入等体积的酚、酚/氯仿（1∶1 混合）、氯仿各提取一次后，加 1/10 体积的 NaCl 或 NaAc 溶液和 2.5 倍体积的冷无水乙醇混匀，得到团状的 DNA 沉淀。

5）离心去上清液，沉淀中加入 70%乙醇混匀。

6）离心去上清液，晾干后加入 TE 缓冲液或纯水备用。

（2）混合斑

1）剪碎带有精子的检材，加入适量 TNE 缓冲液，37℃保温 0.5～1 h，加入 SDS 和蛋白酶 K，37℃保温 1～2 h 消化女性上皮细胞。

2）底部带孔离心管离心分离去除载体，并去除上清液，沉淀物用 TNE 缓冲液洗涤离心数次。

3）沉淀物内加入 5×精子提取液、蛋白酶 K，置 37℃消化 3～4 h。

4）加入等体积的酚、酚/氯仿（1∶1 混合）、氯仿各提取一次后，加 1/10 体积的 NaCl 或 NaAc 溶液和 2.5 倍体积的冷无水乙醇混匀，得到团状的 DNA 沉淀。

5）离心去上清液，沉淀中加入 70%乙醇混匀。

6）离心去上清液，晾干后加入 TE 缓冲液或纯水备用。

（3）组织

1）取少量组织（脑、肌肉等）加入适量蛋白溶解缓冲液进行匀浆。

2）加入 SDS 和蛋白酶 K,37℃消化 4~6 h。

3）加入等体积的酚、酚/氯仿(1∶1 混合)、氯仿各提取一次后,加 1/10 体积的 NaCl 或 NaAc 溶液和 2.5 倍体积的冷无水乙醇混匀,得到团状的 DNA 沉淀。

4）离心去上清液,沉淀中加入 70%乙醇混匀。

5）离心去上清液,晾干后加入 TE 缓冲液或纯水备用。

（4）毛干

1）将毛干剪成 3~5 mm 长,按无水乙醇、纯水、无水乙醇顺序各冲洗一次,晾干后加入 DTT、SDS、蛋白酶 K、蛋白溶解缓冲液,37℃消化至完全溶解。

2）加入等体积的酚、酚/氯仿(1∶1 混合)、氯仿各抽提一次,加入 1/10 体积的 NaCl 或 NaAc 溶液和 2.5 倍无水乙醇,混合后-20℃冷冻 1 h 以上。

3）离心去上清液,沉淀中加入 70%乙醇混匀。

4）离心去上清液,晾干后加入 TE 缓冲液或纯水备用。

（5）骨和牙齿

1）以手术刀刮净骨骼和牙齿表面垢物,用温热纯水冲洗两次,紫外光照射 1 h。再用锤子将牙齿砸成粉末和用电钻取出骨松质,并将其用研磨器进一步磨碎。

2）取适量骨或牙齿粉末,加入 DNA 提取缓冲液、蛋白酶 K,于 37℃消化过夜。

3）酚和氯仿提取,提取液置 Centricon™-100 中离心浓缩后,加 1/10 体积的 NaCl 溶液和 2.5 倍无水乙醇-20℃冰箱过夜。

4）离心去上清液,晾干加入 TE 缓冲液或纯水溶解,用纯化试剂盒纯化后备用。

（二）硅珠法

1. 试剂

（1）吸附液。

（2）漂洗液。

（3）硅珠悬液。

（4）TES 缓冲液。

（5）十二烷基肌氨酸钠。

2. 配制

（1）吸附液：硫氰酸胍 12 g、0.1 mol/L Tris-HCl(pH 6.4)10 mL、0.5 mol/L EDTA 0.8 mL、Triton X-100 0.5 mL。

（2）漂洗液：硫氰酸胍 12 g、0.1 mol/L Tris-HCl(pH 6.4)10 mL。

（3）硅珠悬液：二氧化硅 0.06 g、纯水 1 mL。

（4）TES 缓冲液：1 mol/L Tris(pH 8.0) 1 mL、5 mol/L NaCl 2 mL、0.5 mol/L EDTA（pH 8.0）2 mL、纯水 95 mL。

3. 方法

（1）血液和血斑

1）取少量血液和血斑，加入 TES 缓冲液和十二烷基肌氨酸钠，煮沸 5 min 以上，血斑离心去载体。

2）加入吸附液，混合后加入硅珠悬液，混合后置室温 15 min 左右。

3）离心去上清液，加入漂洗液，混合。

4）离心去上清液，加入冷 70%乙醇，混合。

5）离心去上清液，加入 TES，56℃保温 10 min 以上。

6）离心后置 4℃冰箱内保存备用。

（2）混合斑

1）剪碎带有精子的检材，加入适量 TES 缓冲液、SDS 和蛋白酶 K 溶液，37℃消化 1~2 h。

2）去载体，离心去上清液，TES 缓冲液洗涤沉淀物数次。

3）加入 TES 缓冲液和十二烷基肌氨酸钠，煮沸 5 min 以上。

4）加入吸附液，混合后加入硅珠悬液，混合后置室温 15 min 左右。

5）离心去上清液，加入漂洗液，混合。

6）离心去上清液，加入冷 70%乙醇，混合。

7）离心去上清液，加入 TES，56℃保温 10 min 以上。

8）离心后置 4℃冰箱内保存备用。

（3）毛发和指(趾)甲

1）毛发或指(趾)甲分别用双蒸水和无水乙醇洗涤，剪碎后加入 TES 缓冲液、十二烷基肌氨酸钠和 DTT 溶液，56℃消化至完全溶解。

2）加入吸附液，混合后加入硅珠悬液，混合后置室温 15 min 左右。

3）离心去上清液，加入漂洗液，混合。

4）离心去上清液，加入冷 70%乙醇，混合。

5）离心去上清液，加入 TES，56℃保温 10 min 以上。

6）离心后置 4℃冰箱内保存备用。

（4）骨和牙齿

1）以手术刀刮净骨骼和牙齿表面垢物，用温热纯水冲洗 2 次，紫外光照射

1 h。再用锤子将牙齿砸成粉末和用电钻取出骨松质,并将其用研磨器进一步磨碎。

2) 取适量骨或牙齿粉末,分别用 TES 缓冲液和 EDTA 洗涤,加入 TES 缓冲液、十二烷基肌氨酸钠、蛋白酶 K、DTT 溶液,56℃消化过夜。

3) 加入吸附液,混合后加入硅珠悬液,混合后置室温 15 min 左右。

4) 离心去上清液,加入漂洗液,混合。

5) 离心去上清液,加入冷 70%乙醇,混合。

6) 离心去上清液,加入 TES,56℃保温 10 min 以上。

7) 离心后置 4℃冰箱内保存备用。

(三) CTAB 法

1. 试剂

(1) CTAB 提取缓冲液。

(2) 氯仿/异戊醇(24 : 1)。

(3) Microcon^{TM}-100 纯化浓缩管。

2. 配制

CTAB 提取缓冲液: CTAB(十六烷基三甲基溴化胺)20 g、1 mol/L Tris-HCl (pH 8.0)100 mL、0.5 mol/L EDTA(pH 8.0)40 mL、NaCl 81.82 g,定容至 1 L,使用前加入 β-巯基乙醇 4 mL。

3. 方法

(1) 以手术刀刮净骨骼和牙齿表面垢物,用温热纯水冲洗两次,紫外光照射 1 h。再用锤子将牙齿砸成粉末和用电钻取出骨松质,并将其用研磨器进一步磨碎。

(2) 取适量骨或牙齿粉末,加入 CTAB 提取缓冲液,室温过夜。

(3) 65℃保温 1 h 以上,离心后保留上清液,加入等体积的氯仿/异戊醇,离心后保留上清液。

(4) 上清液加入 Microcon^{TM}-100 中,离心浓缩。

(5) 浓缩液进行纯化。

(四) FTA 卡法

(1) 从 FTA 卡样品区剪取适量血斑,加入纯水,浸泡 5 min 左右,去浸泡液,重复两次。

(2) 干燥待用。

| 第五章 |

DNA 纯 化

提取的 DNA 中会存在一些抑制剂,干扰进一步的 DNA 分析,需要通过纯化的方法剔除。除了传统的纯化方式外,目前采用的磁珠法和硅胶膜吸附法提取试剂盒均有纯化功能,还有一些专用的纯化试剂盒。

一、乙醇沉淀纯化法

(一) 试剂

(1) 10 mol/L 乙酸胺溶液。

(2) 无水乙醇和 70%乙醇。

(二) 方法

(1) 在 DNA 溶液中加入 0.2 倍体积 10 mol/L 乙酸胺溶液和 2 倍体积冷的无水乙醇。

(2) 离心,去上清液。

(3) 70%乙醇洗涤沉淀 2 次,离心收集沉淀。

(4) 加入适量纯水或 TE 溶液,置 4℃ 冰箱内低温保存备用。

二、异丙醇沉淀纯化法

(一) 试剂

(1) 66.7%异丙醇。

（2）75%异丙醇。

（二）方法

（1）在 DNA 溶液中加入 9 倍体积 66.7%异丙醇。

（2）离心，去上清液。

（3）加入 75%异丙醇，混合，离心，去上清液。

（4）干燥后，加入适量纯水，置 4℃ 冰箱内低温保存备用。

三、磁珠法

（一）手工纯化法

（1）旋涡振荡磁珠液，使磁珠悬浮，取 7 μL 磁珠液加入 DNA 溶液。

（2）短暂振荡混匀后室温放置 5 min。

（3）将离心管置于磁力架上，吸附磁珠，然后用吸管小心吸弃液体。

（4）加入 100 μL 裂解缓冲液，重复步骤（4）~（5）。

（5）加入 100 μL 洗脱缓冲液，将离心管置于磁力架上，吸附磁珠，然后用吸管小心吸弃液体。重复 2 次，共洗涤 3 次。

（6）打开离心管盖，把离心管放在磁力架上，在室温下干燥 5 min（不要超过 20 min，以免 DNA 难于洗脱）。

（7）估计检材含 DNA 量的情况，酌情加入 25~100 μL 纯水，短暂旋涡振荡，置于 65℃ 5 min，让 DNA 从磁珠上游离出来。

（8）短暂旋涡振荡，立即将离心管置于磁力架上，分离磁珠和 DNA，小心将洗脱的 DNA 溶液转移到新的离心管中备用。

（二）QIAGEN BIO ROBOT EZ1 全自动工作站法

（1）开机（开关在机器左后方）。

（2）机器自动运行后，向上推开机器护罩，在机器靠内的架子上放入试剂条（注意卡紧，一个样本一条）。

（3）在机器靠外的架子上放入下列耗材：在“1”的位置放入洗脱产物管（圆底管）；在“2”的位置放入枪头套及枪头；在“4”的位置放入加了待纯化 DNA 溶液的样品管，关上机器护罩。

（4）按“START”键（长按 3 s 左右），按“2”键（选择带载体的样本提取），按“1”或“2”键（选择洗脱液水或 TE），按“1”或“2”或“3”键（选择洗脱体积50 μL、100 μL、200 μL），按“2”键（确认上述选择）。

（5）机器显示放置样本及耗材的次序（因为已经放置好，所以只用按 5 次“1”键即可）。

（6）最后按“START”键开始提取，程序大概需要 20 min 左右。

四、硅胶膜吸附法

（一）手工纯化法（以 QIAamp DNA Mini Kit 为例）

（1）DNA 溶液加入“Buffer AL”200 μL，彻底混匀，56℃水浴中保温 10 min。

（2）10 000 r/min 离心 30 s，加入无水乙醇 200 μL，充分混匀。

（3）10 000 r/min 离心 30 s，小心将混合物移至“QIAamp Spin Column”过滤柱（套收集管），注意不要弄湿管壁，盖上盖子，8 000 r/min 离心 1 min，弃收集管，将“QIAamp Spin Column”过滤柱移至新的收集管。

（4）小心打开盖子，加入“Buffer AW1”500 μL，盖上盖子，8 000 r/min 离心 1 min，弃收集管，将“QIAamp Spin Column”过滤柱移至新的收集管。

（5）小心打开盖子，加入“Buffer AW2”500 μL，盖上盖子，14 000 r/min 离心 3 min，弃收集管，将“QIAamp Spin Column”过滤柱移至新的 1.5 mL 离心管。

（6）小心打开盖子，加入纯水 100 μL，室温保温 5 min 以上，8 000 r/min 离心 1 min，上清用于 PCR 扩增。

（二）QIAcube 全自动工作站提取法

1. 仪器运行前准备工作

（1）向上推开机器护罩，将 1 mL 枪头放入相应位置，建议两排均放满枪头。

（2）将试剂瓶瓶盖上标有“AL”“AW1”“AW2”“无水乙醇”“水”的盖子取下，注意看看试剂瓶内试剂是否足够。

（3）离心机塑料适配器和样品放置。

1）将“QIAamp MinElute”柱上面部分取下放置“1”位置，注意“QIAamp MinElute”柱上的盖子要完全放入“L1”槽内。

2）将 1.5 mL 离心管（注意为该产品自带的管子）标记样品编号，放置“3”号位置，注意离心管上的盖子要完全放入“L3”槽内。

3）将 DNA 溶液吸入 2 mL 管子（“QIAamp MinElute”柱下面部分），在管壁上标记样品编号。

4）样品和离心机适配器（标号一一对应）摆放：注意振荡器架插件必须放到边缘的槽内，确保上样检查可检测到样品。

2. 仪器开机运行

（1）开机（开关在机器右下方蓝色按钮）。

（2）选择 DNA 方框。

（3）用“▲”“▼”选择“QIAamp DNA Investigator”栏，按“Select”键。

（4）用“▲”“▼”选择“Forensic casework samples”栏，按“Select”键。

（5）用“▲”“▼”选择“Purification”栏，按“Select”键。

（6）按“Edit”键，再按“Select”键，再按“+”“-”键选择洗脱体积，按“Save”键保存。

（7）按“Start”键，接着按“Next”键，直至程序开始初始化检查，并自动运行，程序运行完显示“Loading check”之后方可离开。机器运行程序大概需要 40 min 左右。

（8）程序结束，取出最终得到的产物，丢弃样品管和离心机塑料适配器，清空废弃物槽。

| 第六章 |

DNA 定 量

早期,国际上通常将 DNA 定量作为法医 DNA 分析的规定操作,但 2011 版美国 FBI 的《法医 DNA 检测实验室质量保证标准》(*Quality Assurance Standards for Forensic DNA Testing Laboratories*/Effective September 1, 2011)中对 DNA 定量的要求也发生了变化:实验室应在扩增之前对法医样本中的人类 DNA 进行定量,如果实验室建立了一套经过验证的检验体系,在不定量的情况下,就可以准确地、可重复地获得 DNA 分型结果,则不必进行 DNA 定量。国内法医 DNA 实验室特别是涉及刑事案件检验鉴定的 DNA 实验室,由于业务量大,检材量微,故一般不做 DNA 定量,法律法规也没有规定必须做 DNA 定量。

常用的 DNA 定量方法有紫外分光光度计法和荧光定量 PCR 仪法。

一、紫外分光光度计法

(1) 预置分光光度计零点。

(2) 充分混匀样品,读取 260 nm 和 280 nm 的 OD 值。

(3) 计算 A260/A280 比率,比率>1.6 表明 DNA 较纯。

(4) 计算 DNA 浓度

单链 DNA: 1 OD = 40 μg/mL。

双链 DNA: 1 OD = 50 μg/mL。

DNA 浓度(μg/μL) = 稀释倍数×A260×40 μg/mL÷1 000 μL。

二、荧光定量 PCR 法(以 7500 型实时定量 PCR 仪为例)

(一) 试剂配制

使用 Quantifiler Human Quantification 试剂盒。

(1) 标准品配制：在 30 μL 纯水中加入"Quantifiler Human DNA Standard"标准品原液 10 μL，制成标准品 1(Std.1，浓度 50 ng/μL)，再按 3 倍倍比稀释(20 μL 纯水中加入 10 μL 前一步配制的标准品)，共制成 8 份不同浓度的标准品(表 6-1)。

表 6-1　标准品配制一栏表

标准品	浓度(ng/μL)	配　制　方　法
Std.1	50.000	10 μL(200 ng/μL 标准品原液)加 30 μL 纯水
Std.2	16.700	10 μL(Std.1)加 20 μL 纯水
Std.3	5.560	10 μL(Std.2)加 20 μL 纯水
Std.4	1.850	10 μL(Std.3)加 20 μL 纯水
Std.5	0.620	10 μL(Std.4)加 20 μL 纯水
Std.6	0.210	10 μL(Std.5)加 20 μL 纯水
Std.7	0.068	10 μL(Std.6)加 20 μL 纯水
Std.8	0.023	10 μL(Std.7)加 20 μL 纯水

(2) PCR 反应试剂配制：每个样品要做 3 个 PCR 反应，每个 PCR 反应体系为 23 μL 试剂加 2 μL 样品(表 6-2)。

表 6-2　定量 PCR 反应体系配制表

试　　剂	剂量(μL/反应)
Quantifiler Human Primer Mix	10.5
Quantifiler PCR Reaction Mi	12.5
样品(实验样品/标准品/对照品)	2.0
总计	25.0

(3) 将上述配制的试剂分装在 96 孔板里，然后将样品加入孔中，每个样品要分别加入 3 个反应孔中。

（二）实验程序

（1）启动电脑，进入 Windows 操作系统。然后打开 7500 主机电源，待 7500 主机的电源指示灯点亮后，点击启动电脑界面上的“7500 System Software”应用软件。

（2）在“Login”界面上输入用户名，点击“OK”键后出现“Home”主操作界面，显示左侧“Set Up”、中间“Run”、右侧“Analyse”三栏选择键。

（3）点击“Set Up”栏下方“Design Wizard”键打开“Untitled”界面，自动显示左排选项栏第一选项“Experiment Properties”界面，填写相关实验基本信息，并点击选择“7500(96Wells)”和“Quantitation”选项。

（4）点击左排选项栏第二选项“Methods & Materials”打开相关界面，点击选择相关方法和材料。

（5）点击左排选项栏第三选项“Targets”打开相关界面，点击选择标准品的相关参数。

（6）点击左排选项栏第四选项“Standards”打开相关界面，输入数字确定选择多少个点和每个点重复多少次，来设置标准曲线。

（7）点击左排选项栏第五选项“Samples”打开相关界面，输入实验样本。

（8）点击左排选项栏第六选项“Run Method”打开相关界面，设置 PCR 流程。

（9）点击左排选项栏第七选项“Reaction Setup”打开相关界面，设置 PCR 扩增体系。

（10）点击界面下端中间“Finish Designing Experiment”，完成实验设置。

（11）将加好样的 96 孔板离心后放入 7500 主机，回到“Home”主操作界面，点击中间“Run”下方的“Quick Start”键打开相关界面，点击界面右下方“START RUN”键，开始实验。

（三）数据分析

（1）程序运行结束后，在“Home”主操作界面，点击右侧“Analyse”下方的“Analyse Experiment”键打开相关界面，自动显示左排选项栏第一选项“Amplification Plot”界面。

（2）选择“Results”中的“Amplification Plot”选项，选择“Auto Ct”分析方法，点击“Analysis”选项中的“Analyze”进行分析，选择“Report”选项查看结果。观

察标准曲线“Standard Curve”,线性回归在99%以上。

（3）选择“File”中的“Export”选项,在“Select data to export”中选择“Result”并打勾,导出“EXCEL”表保存到文件中。

第七章

PCR 扩 增

目前,法医 DNA 分析技术主要是采用商品化的荧光标记 STR 复合扩增试剂盒,通过检测常染色体 STR 分型来进行个体识别和亲子鉴定,检测 Y 染色体 STR 分型来进行父系遗传关系鉴定。本章根据公安部刑事技术产品质量监督检验中心质检合格产品名录,主要介绍常用检测试剂盒的基因座及 PCR 反应条件。

PCR 扩增体系一般为 25 μL,也有一些试剂盒给出了小体系扩增体系的选项。自行缩小扩增体系应通过实验进行确认。

一、常染色体 STR 试剂盒

(一) Identifiler Plus PCR 扩增试剂盒

供应商为英潍捷基(上海)贸易有限公司,基因座包括 D8S1179、D21S11、D7S820、CSF1PO、D3S1358、TH01、D13S317、D16S539、D2S1338、D19S433、vWA、TPOX、D18S51、D5S818、FGA、Amelogenin。PCR 扩增体系及扩增程序详见表 7-1、表 7-2。

表 7-1 Identifiler Plus PCR 扩增试剂盒扩增体系配制表

试　剂	剂量(μL)
PCR Reaction Mix	10.0
primer Set	5.0
模板 DNA+ddH$_2$O	10.0
总计	25.0

表 7-2 Identifiler Plus PCR 扩增试剂盒扩增程序设置表

95℃变性	28 个循环		60℃延伸	4℃保温
	94℃变性	59℃复性		
11 min	20 s	3 min	10 min	∞

(二) GlobalFiler™ PCR 扩增试剂盒

供应商为英潍捷基(上海)贸易有限公司,基因座包括 D18S51、FGA、D21S11、D8S1179、vWA、D13S317、D16S539、D7S820、TH01、D3S1358、D5S818、CSF1PO、D2S1338、D19S433、D1S1656、D12S391、D2S441、D10S1248、TPOX、D22S1045、SE33、DYS391、Amelogenin、Y indel。PCR 扩增体系及扩增程序详见表 7-3、表 7-4。

表 7-3 GlobalFiler™ PCR 扩增试剂盒扩增体系配制表

试 剂	剂量(μL)
PCR Reaction Mix	7.5
primer Set	2.5
模板 DNA+ddH$_2$O	15.0
总计	25.0

表 7-4 GlobalFiler™ PCR 扩增试剂盒扩增程序设置表

95℃变性	29 个循环		60℃延伸	4℃保温
	94℃变性	59℃复性		
1 min	20 s	90 s	10 min	∞

(三) GlobalFiler™ ExpressPCR 扩增试剂盒

供应商为英潍捷基(上海)贸易有限公司,基因座包括 D18S51、FGA、D21S11、D8S1179、vWA、D13S317、D16S539、D7S820、TH01、D3S1358、D5S818、CSF1PO、D2S1338、D19S433、D1S1656、D12S391、D2S441、D10S1248、TPOX、D22S1045、SE33、DYS391、Amelogenin、Y indel。PCR 扩增体系及扩增程序详见表 7-5、表 7-6。

表 7-5 GlobalFiler^{TM} ExpressPCR 扩增试剂盒扩增体系配制表

试 剂	剂量(μL)
PCR Reaction Mix	6.0
primer Set	6.5
模板 DNA+ddH$_2$O	3.0
总计	15.0

表 7-6 GlobalFiler^{TM} ExpressPCR 扩增试剂盒扩增程序设置表

95℃变性	25~27 个循环		60℃延伸	4℃保温
	94℃变性	60℃复性		
11 min	3 s	30 s	8 min	∞

(四) MiniFiler^{TM} PCR 扩增试剂盒

供应商为英潍捷基(上海)贸易有限公司,基因座包括 D13S317、D7S820、D2S1338、D21S11、D16S539、D18S51、CSF1PO、FGA、Amelogenin。PCR 扩增体系及扩增程序详见表 7-7、表 7-8。

表 7-7 MiniFiler^{TM} PCR 扩增试剂盒扩增体系配制表

试 剂	剂量(μL)
Master Mix	10.0
primer Set	5.0
模板 DNA+ddH$_2$O	10.0
总计	25.0

表 7-8 MiniFiler^{TM} PCR 扩增试剂盒扩增程序设置表

95℃变性	28 个循环			60℃延伸	4℃保温
	94℃变性	59℃复性	72℃延伸		
11 min	1 min	1 min	1 min	60 min	∞

(五) 华夏 PCR 扩增试剂盒

供应商为赛默飞世尔生物化学制品(北京)有限公司,基因座包括 D8S1179、D21S11、D7S820、CSF1PO、D3S1358、D5S818、D13S317、D16S539、D2S1338、

D19S433、vWA、D12S391、D18S51、D6S1043、FGA、Amelogenin。PCR 扩增体系及扩增程序详见表 7 - 9、表 7 - 10。

表 7 - 9　华夏 PCR 扩增试剂盒扩增体系配制表

试　剂	剂量(μL)
PCR Reaction Mix	12.5
primer Set	12.5
血样	
总计	25.0

表 7 - 10　华夏 PCR 扩增试剂盒扩增程序设置表

95℃变性	25~27 个循环			60℃延伸	4℃保温
	94℃变性	59℃复性	72℃延伸		
11 min	20 s	2 min	1 min	25 min	∞

(六) 华夏白金 PCR 扩增试剂盒

供应商为赛默飞世尔生物化学制品(北京)有限公司,基因座包括 D3S1358、vWA、D16S539、CSF1PO、TPOX、D8S1179、D21S11、D18S51、Penta E、D2S441、D19S433、TH01、FGA、D22S1045、D5S818、D13S317、D7S820、D6S1043、D10S1248、D1S1656、D12S391、D2S1338、Penta D、YIndel、Amelogenin。PCR 扩增体系及扩增程序详见表 7 - 11、表 7 - 12。

表 7 - 11　华夏白金 PCR 扩增试剂盒扩增体系配制表

试　剂	剂量(μL)
PCR Reaction Mix	10.0
primer Set	10.0
模板 DNA+ddH$_2$O/prep-n-go	5.0
总计	25.0

表 7 - 12　华夏白金 PCR 扩增试剂盒扩增程序设置表

95℃变性	25~27 个循环			60℃延伸	4℃保温
	94℃变性	59℃复性	65℃延伸		
1 min	20 s	16 s	29 s	5 min	∞

（七）PowerPlex® 21 System 试剂盒

供应商为普洛麦格（北京）生物技术有限公司，基因座包括 D3S1358、D1S1656、D6S1043、D13S317、Penta E、D16S539、D18S51、D2S1338、CSF1PO、Penta D、TH01、vWA、D21S11、D7S820、D5S818、TPOX、D8S1179、D12S391、D19S433、FGA、Amelogenin。PCR 扩增体系及扩增程序详见表 7－13、表 7－14。

表 7－13 PowerPlex® 21 System 试剂盒扩增体系配制表

试　剂	剂量（μL）
5×Master Mix	5.0
primer Mix	5.0
模板 DNA+ddH$_2$O	15.0
总计	25.0

表 7－14 PowerPlex® 21 System 试剂盒扩增程序设置表

96℃变性	30 个循环			60℃延伸	4℃保温
	94℃变性	59℃复性	72℃延伸		
1 min	10 s	1 min	30 s	10 min	∞

（八）AGCU 17+1 荧光检测试剂盒

供应商为无锡中德美联生物技术有限公司，基因座包括 Amelogenin、D3S1358、D13S317、D7S820、D16S539、Penta E、TPOX、TH01、D2S1338、CSF1PO、D19S433、vWA、D5S818、FGA、D6S1043、D8S1179、D21S11、D18S51。PCR 扩增体系及扩增程序详见表 7－15、表 7－16。

表 7－15 AGCU 17+1 荧光检测试剂盒扩增体系配制表

试　剂	剂量（μL）
Reaction Mix	10.0
Primers 17+1	5.0
热启动 C－*Taq* 酶	0.75
模板 DNA+ddH$_2$O	9.25
总计	25.0

表 7－16 AGCU 17+1 荧光检测试剂盒扩增程序设置表

95℃变性	10 个循环			20 个循环			60℃延伸	4℃保温
	94℃变性	62℃复性	72℃延伸	90℃变性	60℃复性	72℃延伸		
2 min	60 s	60 s	60 s	60 s	60 s	60 s	60 min	∞

（九）AGCU Expressmarker 20 荧光检测试剂盒

供应商为无锡中德美联生物技术有限公司，基因座包括 D3S1358、D13S317、D7S820、D16S539、Penta E、TPOX、TH01、D2S1338、CSF1PO、Penta D、D19S433、vWA、D21S11、D18S51、D6S1043、D8S1179、D5S818、D12S391、FGA、Amelogenin。PCR 扩增体系及扩增程序详见表 7－17、表 7－18。

表 7－17 AGCU Expressmarker 20 荧光检测试剂盒扩增体系配制表

试　剂	剂量(μL)
Reaction Mix	10.0
Ex20 Primers	5.0
热启动 C－*Taq* 酶	1.0
模板 DNA+ddH_2O	9.0
总计	25.0

表 7－18 AGCU Expressmarker 20 荧光检测试剂盒扩增程序设置表

95℃变性	10 个循环			20 个循环			72℃延伸	4℃保温
	94℃变性	60℃复性	72℃延伸	90℃变性	58℃复性	72℃延伸		
2 min	30 s	60 s	60 s	30 s	60 s	60 s	10 min	∞

（十）AGCU Expressmarker 22 荧光检测试剂盒

供应商为无锡中德美联生物技术有限公司，基因座包括 D3S1358、D13S317、D7S820、D16S539、PentaE、D2S441、TPOX、TH01、D2S1338、CSF1PO、PentaD、D10S1248、D19S433、vWA、D21S11、D18S51、D6S1043、D8S1179、D5S818、D12S391、FGA、Amelogenin。PCR 扩增体系及扩增程序详见表7－19、表 7－20。

表 7－19　AGCU Expressmarker 22 荧光检测试剂盒扩增体系配制表

试　剂	剂量(μL)
Reaction Mix	10.0
Ex22 Primers	5.0
热启动 C－*Taq* 酶	1.0
模板 DNA+ddH_2O	9.0
总计	25.0

表 7－20　AGCU Expressmarker 22 荧光检测试剂盒扩增程序设置表

95℃变性	10 个循环			20 个循环			72℃延伸	4℃保温
	94℃变性	60℃复性	72℃延伸	90℃变性	58℃复性	72℃延伸		
2 min	30 s	60 s	60 s	30 s	60 s	60 s	10 min	∞

（十一）AGCU Expressmarker 16CS 荧光检测试剂盒

供应商为无锡中德美联生物技术有限公司，基因座包括 D3S1358、D13S317、D7S820、D16S539、D2S1338、TH01、D18S51、Amelogenin、TPOX、vWA、D21S11、DYS391、D8S1179、D5S818、CSF1PO、D19S433、FGA、IC。PCR 扩增体系及扩增程序详见表 7－21、表 7－22。

表 7－21　AGCU Expressmarker 16CS 荧光检测试剂盒扩增体系配制表

试　剂	剂量(μL)
Master Mix	10.0
EX16CS Primers	5.0
模板 DNA+sdH_2O	10.0
总计	25.0

表 7－22　AGCU Expressmarker 16CS 荧光检测试剂盒扩增程序设置表

95℃变性	29 个循环			60℃延伸	4℃保温
	94℃变性	59℃复性	65℃延伸		
5 min	15 s	50 s	40 s	7 min	∞

（十二）AGCU Expressmarker 25 荧光检测试剂盒

供应商为无锡中德美联生物技术有限公司，基因座包括 D3S1358、D13S317、D7S820、D16S539、D1S1656、Penta E、TPOX、TH01、D2S1338、CSF1PO、Penta D、D19S433、vWA、D21S11、D18S51、D6S1043、Amelogenin、D8S1179、D5S818、D12S391、FGA、D22S1045、Yindel、D2S441、D10S1248。PCR 扩增体系及扩增程序详见表 7－23、表 7－24。

表 7－23　AGCU Expressmarker 25 荧光检测试剂盒扩增体系配制表

试　剂	剂量(μL)
Super Mix	10.0
EX25 Primers	5.0
模板 DNA+sdH_2O	10.0
总计	25.0

表 7－24　AGCU Expressmarker 25 荧光检测试剂盒扩增程序设置表

95℃变性	29 个循环			60℃延伸	4℃保温
	94℃变性	59℃复性	63℃延伸		
5 min	15 s	40 s	70 s	10 min	∞

（十三）Goldeneye™ DNA 身份鉴定系统 20A

供应商为基点认知技术（北京）有限公司，基因座包括 D19S433、D5S818、D21S11、D18S51、D6S1043、D3S1358、D13S317、D7S820、D16S539、CSF1PO、Penta D、vWA、D8S1179、TPOX、Penta E、TH01、D12S391、D2S1338、FGA、Amelogenin。PCR 扩增体系及扩增程序详见表 7－25、表 7－26。

表 7－25　Goldeneye™ DNA 身份鉴定系统 20A 扩增体系配制表

试　剂	剂量(μL)
2.5×PCR 反应缓冲液 III	4.0
5×20A 引物混合物	2.0
Taq 聚合酶 III	0.16
模板 DNA+ddH_2O	3.84
总计	10.0

表 7－26 Goldeneye™ DNA 身份鉴定系统 20A 扩增程序设置表

96℃变性	30±1 个循环		60℃延伸	15℃保温
	94℃变性	60℃复性		
2 min	5 s	70 s	30 min	∞

（十四）Goldeneye™ DNA 身份鉴定系统 25A

供应商为基点认知技术（北京）有限公司，基因座包括 D3S1358、CSF1PO、D2S441、D21S11、Penta E、D8S1179、D5S818、D19S433、D16S539、Penta D、vWA、D2S1338、D18S51、D22S1045、TH01、D12S391、TPOX、FGA、D13S317、D1S1656、D10S1248、D6S1043、D7S820、DYS391、Amelogenin、Y indel。PCR 扩增体系及扩增程序详见表 7－27、表 7－28。

表 7－27 Goldeneye™ DNA 身份鉴定系统 25A 扩增体系配制表

试　剂	剂量(μL)
2×PCR 反应缓冲液 V	5.0
5×25A－6D 引物混合物	2.0
模板 DNA+ddH$_2$O	3.0
总计	10.0

表 7－28 Goldeneye™ DNA 身份鉴定系统 25A 扩增程序设置表

96℃变性	28±1 个循环		60℃延伸	15℃保温
	94℃变性	60℃复性		
5 min	5 s	70 s	15 min	∞

（十五）人类 STRtyper－21G 扩增荧光检测试剂盒

供应商为宁波海尔施基因科技有限公司，基因座包括 D3S1358、TH01、D21S11、D18S51、Penta E、D5S818、D13S317、D7S820、D16S539、CSF1PO、Penta D、vWA、D8S1179、TPOX、FGA、D19S433、D12S391、D6S1043、D2S1338、D1S1656、Amelogenin。PCR 扩增体系及扩增程序详见表 7－29、表 7－30。

表 7-29 STRtyper-21G 扩增荧光检测试剂盒扩增体系配制表

试剂	剂量(μL)
PCR Master Mix	5.0
STRtyper-21G primer Mix	2.5
模板 DNA+ddH_2O	2.5
总计	10.0

表 7-30 STRtyper-21G 扩增荧光检测试剂盒扩增程序设置表

95℃变性	28~30 个循环			60℃延伸	4℃保温
	94℃变性	61℃复性	70℃延伸		
5 min	10 s	1 min	30 s	15 min	∞

(十六) SureID® PanGlobal 人类 DNA 身份鉴定试剂盒

供应商为宁波海尔施基因科技有限公司，基因座包括 D3S1358、TH01、D21S11、D18S51、Penta E、D12S391、D6S1043、D2S1338、D1S1656、D5S818、D13S317、D7S820、D19S433、CSF1PO、Penta D、D2S441、vWA、D8S1179、TPOX、FGA、D16S539、D22S1045、SE33、D10S1248、DYS391、Amelogenin、Y-indel。PCR 扩增体系及扩增程序详见表 7-31、表 7-32。

表 7-31 SureID® PanGlobal 人类 DNA 身份鉴定试剂盒扩增体系配制表

试剂	剂量(μL)
PCR Master Mix	5.0
SureID® PanGlobal primer Mix	2.5
模板 DNA+ddH_2O	2.5
总计	10.0

表 7-32 SureID® PanGlobal 人类 DNA 身份鉴定试剂盒扩增程序设置表

95℃变性	28~30 个循环			60℃延伸	4℃保温
	94℃变性	61℃复性	70℃延伸		
5 min	10 s	1 min	30 s	15 min	∞

（十七）Investigator® 24plexQS 检测试剂盒

供应商为凯杰企业管理（上海）有限公司，基因座包括 TH01、D3S1358、vWA、D21S11、TPOX、DYS391、D1S1656、D12S391、SE33、D10S1248、D22S1045、D19S433、D8S1179、D2S1338、D2S441、D18S51、FGA、QS1、D16S539、CSF1PO、D13S317、D5S818、D7S820、QS2 共 24 个 STR 基因座及 Amelogenin 性别基因座。PCR 扩增体系及扩增程序详见表 7－33、表 7－34。

表 7－33　Investigator® 24plexQS 检测试剂盒扩增体系配制表

试　剂	剂量(μL)
Fast Reaction Mix2.0	7.5
primer Set	2.5
模板 DNA+ddH$_2$O	15.0
总计	25.0

表 7－34　Investigator® 24plexQS 检测试剂盒扩增程序设置表

98℃ 变性	64℃ 复性	72℃ 延伸	96℃ 变性	61℃ 复性	72℃ 延伸	68℃ 延伸	60℃ 延伸	10℃ 保温
3 个循环			27 个循环					
30 s	55 s	5 s	10 s	55 s	5 s	2 min	2 min	∞

（十八）DNATyper™19 试剂盒

供应商为北京刑技技术开发公司，基因座包括 D18S51、D21S11、D3S1358、FGA、D8S1179、vWA、CSF1PO、D16S539、D7S820、D13S317、D5S818、D2S1338、D19S433、D12S391、TPOX、TH01、Penta E、D6S1043、Amelogenin。PCR 扩增体系及扩增程序详见表 7－35、表 7－36。

表 7－35　DNATyper™19 检测试剂盒扩增体系配制表

试　剂	剂量(μL)
2.5×Master Mix	8.0
5×引物混合物	4.0
模板 DNA+ddH$_2$O	8.0
总计	20.0

表 7－36 DNATyper™19 检测试剂盒扩增程序设置表

95℃变性	28 个循环			60℃延伸	25℃保温
	94℃变性	59℃复性	72℃延伸		
11 min	30 s	2 min	1 min	60 min	∞

（十九）DNATyper™21 试剂盒

供应商为北京刑技技术开发公司，基因座包括 D18S51、D21S11、D3S1358、FGA、D8S1179、vWA、CSF1PO、D16S539、D7S820、D13S317、D5S818、D2S1338、D19S433、D12S391、TPOX、TH01、Penta E、D6S1043、D1S1656、Penta D、Amelogenin。PCR 扩增体系及扩增程序详见表 7－37、表 7－38。

表 7－37 DNATyper™21 检测试剂盒扩增体系配制表

试 剂	剂量(μL)
2×Master Mix	4.0
2×引物混合物	4.0
模板 DNA+ddH_2O	1.0
总计	9.0

表 7－38 DNATyper™21 检测试剂盒扩增程序设置表

95℃变性	28 个循环			60℃延伸	25℃保温
	94℃变性	59℃复性	72℃延伸		
11 min	30 s	2 min	1 min	60 min	∞

二、Y 染色体 STR 试剂盒

（一）Yfiler Plus PCR 扩增试剂盒

供应商为英潍捷基（上海）贸易有限公司，基因座包括 DYS576、DYS389I、DYS635、DYS389II、DYS627、DYS460、DYS458、DYS19、Y_GATA_H4、DYS448、DYS391、DYS45、DYS390、DYS438、DYS392、DYS518、DYS570、DYS437、DYS385、DYS449、DYS393、DYS439、DYS481、DYF38751、DYS533。PCR 扩增体系及扩增程序详见表 7－39、表 7－40。

表 7－39　Yfiler Plus PCR 扩增试剂盒扩增体系配制表

试　　剂	剂量(μL)
PCR Reaction Mix	10.0
primer Set	5.0
模板 DNA+ddH$_2$O	10.0
总计	25.0

表 7－40　Yfiler Plus PCR 扩增试剂盒扩增程序设置表

95℃变性	30/25～29 个循环		60℃延伸	4℃保温
	94℃变性	61.5℃复性		
1 min	4 s	1 min	22 min	∞

(二) AGCU FS Y37 荧光检测试剂盒

供应商为无锡中德美联生物技术有限公司,基因座包括 DYS392、DYS389I/II、DYS447、DYS438、DYS527a/b、DYS645、DYS596、DYS391、DYS456、DYS19、DYS593、DYS448、DYS627、DYS557、DYS437、DYS481、DYS533、DYS390、DYS385a/b、DYF387S1、DYS460、DYS393、Y _ GATA _ H4、DYS439、DYS635、DYS444、DYS643、DYS549、DYS576、DYS570、DYS458、DYS449、DYS518。PCR 扩增体系及扩增程序详见表 7－41、表 7－42。

表 7－41　AGCU FS Y37 荧光检测试剂盒扩增体系配制表

试　　剂	剂量(μL)
Reaction Mix	10.0
FS Y37 Primers	5.0
热启动 C－*Taq* 酶	1.0
模板 DNA+ddH$_2$O	9.0
总计	25.0

表 7－42　AGCU FS Y37 荧光检测试剂盒扩增程序设置表

95℃变性	30 个循环			60℃延伸	4℃保温
	94℃变性	60℃复性	72℃延伸		
2 min	30 s	60 s	60 s	20 min	∞

（三）AGCU Y SUPP 荧光检测试剂盒

供应商为无锡中德美联生物技术有限公司，基因座包括 DYS531、DYS630、DYS622、DYS552、DYS510、DYS533、DYS459a/b、DYS446、DYS443、DYS635、DYS587、DYS527a/b、DYS460、Y _ GATA _ A10、DYS520、DYS557、DYS522、DYS481、DYS549、DYS444、DYS385a/b。PCR 扩增体系及扩增程序详见表 7－43、表 7－44。

表 7－43　AGCU Y SUPP 荧光检测试剂盒扩增体系配制表

试　剂	剂量(μL)
Reaction Mix	10.0
Y SUPP Primers	5.0
热启动 C－*Taq* 酶	1.0
模板 DNA+ddH_2O	9.0
总计	25.0

表 7－44　AGCU Y SUPP 荧光检测试剂盒扩增程序设置表

95℃变性	30 个循环			60℃延伸	4℃保温
	94℃变性	61℃复性	72℃延伸		
2 min	30 s	60 s	60 s	30 min	∞

（四）Goldeneye™ DNA 身份鉴定系统 Yplus

供应商为基点认知技术（北京）有限公司，基因座包括 IPC60、rs199819934、DYS456、DYS549、DYS439、DYS19、DYS392、DYS643、DYS447、DYS557、IPC500、rs771783753、DYS391、DYS388、DYS570、DYS635、DYS448、DYS437、DYS527a/b、DYS444、rs759551978、DYS393、DYS389I、DYS390、DYS389II、DYS438、DYS576、DYS645、DYF404S1a/b、DYS460、DYS458、DYS481、DYS385a/b、DYS449、DYS596、Y _ GATA _ H4、DYS533、DYS627、DYS518、DYF387S1a/b、DYS593、DYS522。PCR 扩增体系及扩增程序详见表 7－45、表 7－46。

表 7－45　Goldeneye™ DNA 身份鉴定系统 Yplus 扩增体系配制表

试　剂	剂量(μL)
5×PCR 反应预混液 IV	2.0
5×Y Plus 引物混合物	2.0
模板 DNA+ddH_2O	6.0
总计	10.0

表 7－46　Goldeneye™ DNA 身份鉴定系统 Yplus 扩增程序设置表

95℃变性	30 个循环			60℃延伸	15℃保温
	94℃变性	60℃复性	72℃延伸		
2 min	3 s	45 s	45 s	15 min	∞

（五）SureID® PathFinder 扩增荧光检测试剂盒

供应商为宁波海尔施基因科技有限公司，基因座包括 DYS533、DYS388、DYS19、DYS392、DYS456、DYS643、DYS549、DYS576、DYS570、DYS481、DYS627、DYS527a/b、DYS444、DYS460、DYS437、DYS439、DYS722、DYS385、DYF387S1、DYS393、DYS391、DYS390、DYS635、DYS449、DYS458、DYS438、DYS389I、DYS448、DYS389II、DYF404S1、GATA_H4、DYS518。PCR 扩增体系及扩增程序详见表 7－47、表 7－48。

表 7－47　SureID® PathFinder 扩增荧光检测试剂盒扩增体系配制表

试　剂	剂量(μL)
PCR Master Mix	5.0
SureID® PathFinder primer Mix	2.5
模板 DNA+ddH_2O	2.5
总计	10.0

表 7－48　SureID® PathFinder 扩增荧光检测试剂盒扩增程序设置表

95℃变性	28～30 个循环			60℃延伸	15℃保温
	94℃变性	61℃复性	70℃延伸		
5 min	10 s	1 min	30 s	15 min	∞

（六）DNATyper™ Y29试剂盒

供应商为北京刑技技术开发公司，基因座包括DYS19、DYS385a/b、DYS389I、DYS389II、DYS390、DYS391、DYS392、DYS393、DYS437、DYS448、DYS456、DYS458、DYS635、Y_GATA_H4、DYS438、DYS439、DYS449、DYS518、DYS576、DYS387S1、DYS460、DYS447、DYS444、DY508、DYS533、DYS643、DYS481。PCR扩增体系及扩增程序详见表7-49、表7-50。

表7-49 DNATyper™ Y29试剂盒扩增体系配制表

试剂	剂量(μL)
2.5×Master Mix	8.0
5×引物混合物	4.0
模板DNA+ddH$_2$O	8.0
总计	20.0

表7-50 DNATyper™ Y29试剂盒扩增程序设置表

95℃变性	28个循环		60℃延伸	25℃保温
	94℃变性	59℃复性		
11 min	30 s	3 min	60 min	∞

三、常染色体STR和Y染色体STR联合检测试剂盒

（一）AGCU Expressmarker 16+22Y荧光检测试剂盒

由上海市公安局和无锡中德美联生物技术有限公司联合研发，基因座包括DYS391、D3S1358、D13S317、D7S820、D16S539、DYS527a/b、DYS635、DYS458、DYS456、TPOX、TH01、D2S1338、CSF1PO、DYS385a/b、DYS438、DYS448、DYS437、D19S433、vWA、DYS19、D18S51、DYS576、Amelogenin、D8S1179、D5S818、D21S11、FGA、DYS533、DYS393、DYS389I/II、DYS439、DYS392、Y_GATA_H4、DYS390、DYS481。PCR扩增体系及扩增程序详见表7-51、表7-52。

表 7－51 AGCU Expressmarker 16+22Y 荧光检测试剂盒扩增体系配制表

试剂	剂量(μL)
Reaction Mix	10.0
EX16+22Y Primers	5.0
热启动 C－*Taq* 酶	1.0
模板 DNA+ddH$_2$O	9.0
总计	25.0

表 7－52 AGCU Expressmarker 16+22Y 荧光检测试剂盒扩增程序设置表

95℃变性	15 个循环			15 个循环			60℃延伸	4℃保温
	94℃变性	60℃复性	72℃延伸	90℃变性	58℃复性	65℃延伸		
2 min	30 s	40 s	60 s	30 s	60 s	80 s	20 min	∞

(二) AGCU Expressmarker 20+20Y 荧光检测试剂盒

供应商为无锡中德美联生物技术有限公司，基因座包括 DYS391、D3S1358、D13S317、D7S820、D16S539、Penta E、DYS635、DYS576、DYS456、TPOX、TH01、D2S1338、D6S1043、DYS385a/b、DYS438、DYS448、DYS437、D19S433、vWA、DYS19、CSF1PO、D18S51、FGA、Amelogenin、D8S1179、D5S818、D21S11、D12S391、Penta D、DYS458、DYS533、DYS393、DYS389I/II、DYS439、DYS392、Y_GATA_H4、DYS390 及 DYS481。PCR 扩增体系及扩增程序详见表 7－53、表 7－54。

表 7－53 AGCU Expressmarker 20+20Y 荧光检测试剂盒扩增体系配制表

试剂	剂量(μL)
Reaction Mix	10.0
EX20+20Y Primers	5.0
热启动 C－*Taq* 酶	1.0
模板 DNA+sdH$_2$O	9.0
总计	25.0

表 7－54 AGCU Expressmarker 20+20Y 荧光检测试剂盒扩增程序设置表

95℃变性	15 个循环			15 个循环			60℃延伸	4℃保温
	94℃变性	60℃复性	72℃延伸	90℃变性	58℃复性	65℃延伸		
2 min	30 s	40 s	60 s	30 s	60 s	100 s	20 min	∞

（三）HomyGene 19+20Y 荧光检测试剂盒

供应商为广东华美众源生物科技有限公司，基因座包括 DYS391、D3S1358、D13S317、D7S820、D16S539、Penta E、DYS635、DYS458、DYS456、TPOX、TH01、D2S1338、CSF1PO、DYS385a/b、DYS438、DYS448、DYS437、D19S433、vWA、DYS19、D18S51、D6S1043、DYS576、Amelogenin、D8S1179、D5S818、D21S11、D12S391、FGA、DYS533、DYS393、DYS389I/II、DYS439、DYS392、Y_GATA_H4、DYS390 及 DYS481。PCR 扩增体系及扩增程序详见表 7-55、表 7-56。

表 7-55　HomyGene 19+20Y 荧光检测试剂盒扩增体系配制表

试　剂	剂量(μL)
Reaction Mix	10.0
HG19+20Y Primers	5.0
热启动 C-*Taq* 酶	1.0
模板 DNA+ddH$_2$O	9.0
总计	25.0

表 7-56　HomyGene 19+20Y 荧光检测试剂盒扩增程序设置表

95℃变性	15 个循环			15 个循环			60℃延伸	4℃保温
	94℃变性	60℃复性	72℃延伸	90℃变性	58℃复性	65℃延伸		
2 min	30 s	40 s	60 s	30 s	60 s	80 s	20 min	∞

四、X 染色体 STR 试剂盒

AGCU X19 STR 荧光检测试剂盒

供应商为无锡中德美联生物技术有限公司，基因座包括 DXS8378、DXS7423、DXS10148、DXS10159、DXS6809、DXS7424、DXS10164、DXS10162、DXS7132、DXS10079、DXS6789、DXS101、DXS10103、DXS10101、HPRTB、DXS10075、DXS10074、DXS10135、DXS10134。PCR 扩增体系及扩增程序详见表 7-57、表 7-58。

表 7-57 AGCU X19 STR 荧光检测试剂盒扩增体系配制表

试　剂	剂量(μL)
Reaction Mix	10.0
X19 Primers	5.0
热启动 A-*Taq* 酶	0.5
模板 DNA+ddH_2O	9.5
总计	25.0

表 7-58 AGCU X19 STR 荧光检测试剂盒扩增程序设置表

95℃变性	10 个循环			20 个循环			60℃延伸	4℃保温
	94℃变性	60℃复性	65℃延伸	90℃变性	59℃复性	72℃延伸		
2 min	30 s	60 s	60 s	30 s	60 s	60 s	30 min	∞

第八章

电　泳

DNA 分子通过电泳分离出不同长度的片段，可以借此判定等位基因型。传统的平板聚丙烯酰胺银染法虽然有费用低廉的优势，但因其结果判读的不便，现在基本已经不被使用。

目前主要应用荧光标记全自动毛细管电泳检测法，美国 ABI 公司的 3130XL 基因分析仪、3500XL 基因分析仪对 PCR 扩增产物进行全自动毛细管电泳检测，检测结果经过 GeneScan® 软件收集电泳片段长度，经过 GeneMapper® 软件参照 Ladder 定位确定样本的基因分型。公安部第一研究所已成功研发了 GA118 基因分析仪，并已产品化。

一、使用 3130XL 基因分析仪进行电泳

（一）开机

（1）打开计算机。

（2）按下 3130XL 主机开关，先黄灯闪，然后转为绿灯常亮，即主机启动成功，如红灯常亮，须关闭主机开关，再重新启动。

（二）准备

1. 配电泳缓冲液

按“Tray”键，托架会移出，等其动作完全停止后，打开主机门（此时请勿马上关上），取出四个塑料长条形缓冲液槽，上面分别标有“1B”“2W”“3W”“4W”。取标有“1B”的缓冲液槽，加 3.5 mL 10×EDTA 缓冲液，再加 31.5 mL 去离子水，混匀。将配好的 1×EDTA 缓冲液加入缓冲液槽，至红色刻度线，缓冲液槽的泄孔

朝外，将余下的缓冲液加至黑色刻度线处；然后往另三个缓冲液槽中加去离子水，至黑色刻度线；最后盖上 16 孔的橡皮盖，放回原位，关上主机门，托架将自动回位。

2. 换毛细管

双击计算机桌面上“3130XL Data Collection”软件，选择“Wizards”菜单下“Install Array Wizard”，弹出对话框，选择“Store the array”，点击“Next”，弹出对话框，选择“Fill Array”，再点击“Next”，弹出对话框，点击“Finish”。

3. 毛细管空间定位

选择左边的“ga3130XL”下的“3130XL”，选择“Spatial Run Scheduler”，在右侧的“Spatial Protocols”中选择“3130SpatialNOFill_1”，单击“Start”，完成后观察峰值在 8 000 至 10 000 的即为好，然后点击“Accept”。

4. 准备

双击计算机桌面上“3130XL Data Collection”软件，选择“Wizards”菜单下“Bubble Remove Wizard”，弹出对话框，点击“Remove Bubbles”，点击“Next”，选择“No”，再点击“Next”，选择 2，再点击“Next”，然后点击“Finish”。如果还有气泡，再重复此步骤。

（三）样品表

（1）打开“3130XL Data Collection”软件，弹出“Service Console”对话框，当对话框中的四个绿色灯全亮，即为软件启动完成。整个电泳过程中，此“Service Console”对话框不能关闭。

（2）选择左边的“ga3130XLxl”下的“Plate Manager”，点击“New”，在“Name”中键入样品表名，在“Application”中选择“GeneMapper_3130XL”，在“Owner Name”中键入电泳者名称，在“Operator Name”中键入电泳者名称，点击“OK”。

（3）在“Sample Name”中键入样品名，在“Sample Typer”中选择“Sample”，如果样品为 ladder，则选择“Allelic Ladder”，在“Size Standard”中选择“CE_HID_GS500”，在“Panel”中选择“AmpFLSTR_Panels_v1”下的“Profiler_Plus_v1”，在“Analysis Method”中选择“HID”，在“Results Group 1”中选择“HID”，在“Instrument Protocol 1”中选择“HID_F_36POP4”，点击“OK”。向下填充为“Ctrl+D”。

（四）上样

（1）每一样品加 9.25 μL Hi－D Formamide（或去离子水）、0.25 μL Rox、0.5 μL扩增产物，95℃变性 5 min，放入碎冰中 5 min 以上（每次检测要加 Ladder）。

（2）将橡胶密封盖盖上 96 孔板，放入 3130XL 的黑色底座，最后盖上白色盖子，盖紧，离心分离。

（3）按 3130XL 主机上“Tray”键（按完后确认其复位）。等托架完全停止后，打开主机门，将样品放到托架上，关上主机门，等托架复位后，在右边点击“Run Scheduler”中选择“Plate View”，在“Plate View”中的界面中选择“Find All”，选中的样品表名，点击托架“A”或者“B”，显示绿色后，按“Run”标记，开始电泳。在电泳过程中，点“Instrument View”可以了解机器的运行状态，点“Capillaries View”和“Cap/Array View”可以了解电泳的实时峰图。

（五）分析

（1）打开桌面上的“GeneMapper”软件，在主菜单“File”中选择“Add Samples to Priject…”，弹出对话框，选择 E 盘中的“ExtracteRuns”，选中所要分析的文件夹，点击“Add to List”，再点击“Add”，然后点击工具栏中的绿色箭头标记，弹出“Save Project”对话框，在“Project name”中键入名称，点击“OK”，开始进行分析。

（2）点击“Analysis”下的“Display Plots”，观察电泳结果，确认结果后，点击“View”下的“Tables”，选择“Genotyper Table”，再选择主菜单“File”下的“Export Table”，选择 D 盘中的“txt”，在“File name”中键入文件名，点击“Export Table”键。

（3）点击“File”，点击“print”，点击“OK”，点击“Print”即可。

（六）关机

工作完成后，先关闭 3130XL 主机，选择主菜单“File”下的“Exit”，在“Service Console”对话框中点击“Stop All”，等四个红灯都亮后，关闭“Service Console”对话框。

关闭计算机。

二、使用 3500XL 基因分析仪进行电泳

（一）开机

（1）打开计算机。

（2）按下 3500XL 主机开关，先黄灯闪，然后转为绿灯常亮，即主机启动成功，如红灯常亮，须关闭主机开关，再重新启动。

（二）准备

1. 配电泳缓冲液

当仪器主界面提示缓冲液已达到预定使用次数时，按“Tray”键，托架会移出，等其动作完全停止后，打开主机门（此时请勿马上关上），取出长条形缓冲液槽，取一条新的缓冲液槽，撕去置于其上的薄膜，放回原位，关上主机门，托架将自动回位。

2. 换毛细管

双击计算机桌面上“3500”软件，在主界面选择“Maintain Instrument”，在弹出的界面中，选择左侧的“Maintenance Wizard”，点击“Install a capillary array”，按照图示安装毛细管，点击“Finish”。

3. 毛细管空间定位

在主界面选择“Maintain Instrument”，选择“Calibrate”下的“Spatial”，点击“Options”，在右侧的选择“Fill（灌胶做空间定位）”或者“No_Fill（直接做空间定位）”，单击“Start Calibration”，完成后观察峰值在 8 000 至 10 000 的即为好，然后点击“Accept”。

4. 去除气泡

在主界面选择“Maintain Instrument”，在弹出的界面中，选择左侧的“Maintenance Wizard”，选择“Remove bubbles from the polymer pump”，按照提示对各部分去气泡。如果还有气泡，再重复此步骤。

（三）样品表

（1）打开“3500”软件，弹出 3500XL 主界面，并且启动后台管理程序。整个电泳过程中，此界面及管理程序不能关闭。

（2）在主界面下选择“Create New Plate”，在“Name”中键入样品表名，在“Number of wells”中选择样品数量，在“Plate Type”中键入板的类型，在“Capillary Length”中选择毛细管长度，在“Ploymer”中选择胶的类型。点击“Assign Plate Contents”。

（3）在“Plate View”中的样品表里键入样品名，在“Assays”中选择“Add from Library”（从已有的方法中选择），或“Create New Assay”（创建新方法）。在“File Name Conventions”中选择“Add from Library”（从已有的方法中选择），或“Create New File Convention”（创建新方法）。在“Results Groups”中选择“Add from Library”（从已有的方法中选择），或“Create Results Groups”（创建新方法）。

（4）点击“Link Plate for Run”，按照提示选择该板将位于A托架或B托架。

（四）上样

（1）每一样品加9.25 μL Hi - D Formamide（或去离子水）、0.25 μL Rox、0.5 μL扩增产物，95℃变性5 min，放入碎冰中5 min以上（每次检测要加Ladder）。

（2）将橡胶密封盖盖上96孔板，放入3500XL的黑色底座，最后盖上白色盖子，盖紧，离心。

（3）按3500XL主机上“Tray”键（按完后确认其复位）。等托架完全停止后，打开主机门，将样品放到托架上，关上主机门，等托架复位后，在主界面左侧点击“Load Plates for Run”，点击“Start Run”，按照已设定的板号跑板，如需更改板号，按“Unlink”键先解除关联，再按“Link Plate”键选择板号，点击“Start Run”。

（五）分析

（1）打开桌面上的“GeneMapper ID - X Client”软件选择工具栏的“Add Samples to Priject…”按键，弹出对话框，选择相应盘中的“Extracted Runs”，选中所要分析的文件夹，点击“Add to List”，再点击“Add”，然后点击工具栏中的绿色箭头标记，在“Project name”中键入名称，点击“OK”，开始进行分析。

（2）点击“Analysis”下的“Display Plots”，观察电泳结果，确认结果后，点击“Save Project”按键。

（3）点击“File”，点击“print”，点击“OK”，点击“Print”即可。

（六）关机

工作完成后，先关闭 3500XL 主机，再关闭主界面及后台管理程序，选择主界面右上角“log out”或者叉键，按后台管理程序右上角叉键退出。

三、使用 G118 基因分析仪进行电泳

（一）登录 GA118－16A 遗传分析仪

打开数据采集软件

仪器自检完毕，即仪器指示灯呈常绿状态后，双击桌面上的数据采集软件快捷键，进入遗传分析仪数据采集软件登录界面，选择待登录的用户 ID 号，输入用户密码登录系统。

登录过程中，软件左下角会显示仪器状态，待显示“仪器连接成功”后进入软件欢迎界面。

如果仪器状态显示“仪器未连接成功”，请检查：

（1）仪器电源是否已接通，如未接通，打开仪器电源。

（2）仪器是否已经完成自检（即仪器指示灯是否处于绿色常亮状态），如未完成，请关闭软件，待仪器完成自检后再开启软件。

（3）仪器与计算机工作站之间的网线连接是否松脱，检查无误后重启软件。

（二）空间校正（仪器被移动或更换毛细管的情况下才需要进行此操作）

1. 创建空间校正文件

（1）依次选中软件界面菜单栏的“方法管理”—“空间校正”。

（2）在界面左下方“空间校正操作”的“运行模型”下拉列表中选择合适的运行模型。如果毛细管含有新鲜的凝胶，无需向毛细管内注胶，选择“GA118SpatialNoFill”；否则选择“GA118SpatialFill”，向毛细管内注满新鲜凝胶。

（注意：进行空间校正时，不需要每次都填充毛细管。）

（3）点击“运行”，即可看到空间校正界面（采集的总帧数是按照运行模型设定的采样率和采样时间计算所得）。

（4）空间校正结束后即可看到空间校正结果。

2. 光谱校正操作步骤

进行新的光谱校正必须更换电泳缓冲液和水，并清洗存放水和电泳缓冲液的塑料槽与橡胶盖子，最好更换橡胶盖子。

（1）荧光标准品-5D 准备：Hi-Di 甲酰胺 195 μL、荧光标准品-5D 5 μL，混匀，95℃变性 5 min，冰浴 3 min，在 96 孔板的两排（A1～H2）16 个孔中各分装 10 μL（也可直接用 96 孔板分装后变性冰浴）。

（2）创建光谱校正文件

1）依次点击软件菜单栏的“方法管理”—“样品编表”。点击界面“样品表单管理”的“新建表单”按钮，弹出“新建表单第一步”对话框。

2）在对话框各项中输入相应内容，“操作员”编辑框内默认为登录系统的用户名。在“应用类型”下拉框中选择“SpectralCal”（即光谱校正）。

3）点击“下一步”，进入“新建表单第二步”对话框中。对话框表单中的每行分别对应着样品盘相应孔位中的样品信息，按照样品所在孔位依次输入样品名。

4）染料集选择“T5”、运行模型选择“Spectral_pop4_Default”、光谱校正标准选择“MtxStd”（GeneScan-SetT5）、优先级设置选择（100），然后双击光谱校正标准“GeneScan-SetT5”，弹出如下对话框：

“最小质量数”：0.90，“条件数范围”：2.0，最大值：7.0，点击“确定”。然后开始链接表单，点击开始按钮开始电泳。

（3）生成光谱校正文件：该组样品检测完成后，弹出“光谱校正结果显示”的对话框，单击“保存并设置为当前”按钮保存此光谱校正结果，单击“放弃”按钮则放弃保存。

（三）设置运行模型

1. 新建运行模型

（1）依次点击软件菜单栏的“方法管理”“运行模型”。

（2）点击页面左下角的“新建”，弹出新建运行模型对话框。

（3）输入运行模型名称，在“类型”下拉框中选择运行模型的类型：“GeneScan”（片段分析）或“SpectralCal”（光谱校正），在模板下拉框中根据使用的凝胶不同选择对应的凝胶类型模板。根据具体检测需要，对运行模型进行设置，针对不同的运行模型类型，设置值可能有所不同，其中各项参数的设定值须在“范围”列的数值范围内。

(4) 编辑完成后,点击"完成"按钮保存运行模型,否则点击"放弃"按钮取消操作。

2. 编辑运行模型

通过编辑运行模型,可以对现有的运行模型进行修改,具体操作方法如下。

(1) 在运行模型界面下选择待编辑的模型名称。

(2) 点击界面左下角的"编辑"按钮,弹出该运行模型编辑对话框,根据实际需要对运行模型进行设置。

(3) 编辑完成后,点击"完成"按钮保存修改,否则点击"放弃"按钮取消操作。

(四) 样品准备

(1) 电泳上样混合物的准备。按下述比例准备内标和去离子甲酰胺组成上样混合物: 10 μL 内标、1 000 μL 去离子甲酰胺,混合均匀。

(注意: 由于检测设备灵敏度不同,以上内标和去离子甲酰胺的比例应适当调整。)

(2) 每管加入 9 μL 上样混合物、1 μL 扩增产物,混匀,避免产生气泡。

(3) Allelic Ladder(等位基因分型对照物)按照以下比例上样: 9 μL 上样混合物,Allelic Ladder(等位基因分型对照物)加入 0.5 μL 或 1 μL。

(4) 95℃变性 3 min,立即放在冰上冷却 3 min,之后尽快电泳。

(五) 创建样品表单

1. 创建新表单

(1) 依次点击软件菜单栏的"方法管理""样品编表""新建表单",弹出"新建表单第一步"对话框,"操作员"编辑框内默认为登录系统的用户名,在对话框各项中输入内容。"应用类型"一栏选择"GeneScan"。

(注意: 样品表单名称不能为空,也不能与已经存在于数据库的表单名称相同,否则都将弹出错误提示对话框。)

(2) 点击"下一步",进入"新建表单第二步"对话框中,对话框表单中的每行分别对应着样品盘相应孔位中的样品信息。

(3) 表单中对应列的染料集、运行模型、优先级设置下拉菜单。

注意:

1) 样品名不能为空,染料集和运行模型也都不能为空,否则都将弹出错误提示对话框。

2）为减少错误操作，将对应样品盘孔位的每相邻 2 行样品分为一个运行组，即样品盘孔位编号为 A1～H2，A3～H4……A11～H12 中的样品分别为一个运行组，在表单中填写同一运行组样品信息时应注意其运行模型必须相同，否则将弹出错误提示对话框。

（4）除样品名和备注外的其余项都支持热键多行拷贝功能，选中需要填充的列，按“Ctrl+D”进行粘贴，或点击表头选中整个列进行整列拷贝（只拷贝到范围内存在样品名的行对应列中）。

（5）点击“确定”按钮，新建表单的信息将显示在“未运行的表单”列表中，点击“取消”按钮将直接回到样品编表界面。

2. 导入一个表单

（1）依次点击软件菜单栏的“方法管理”“样品编表”“导入表单”，弹出“样品表单导入”对话框，选择要导入表单的类型“导入 PLA 文件”或“导入打孔文件”。

（2）浏览需要导入的文件位置。

（3）选定该文件，点击“打开”即可在“样品表单导入”对话框中显示样品表单导入后的路径及“样品表单导入成功”字样，点击“完成”即可导入该表单。

（六）运行样品表单

1. 链接样品表单

选中未运行列表中的表单后，点击“链接到 A 托盘”按钮或“链接到 B 托盘”按钮，表单的相应信息显示在已链接列表中（链接 A 盘的表单在第一行，链接 B 盘的表单在第二行）。

表单的具体信息显示在界面右下角的“已链接的表单信息”栏（只显示最近链接的表单信息），已链接的表单中编辑有样品信息的孔位在界面中呈亮绿色显示，而“链接到 A 托盘”按钮或（和）“链接到 B 托盘”按钮的名称相应变为“断开 A 托盘链接”“断开 B 托盘链接”。

2. 运行样品表单

选择链接好的表单，点击命令工具栏的“运行”按钮，样品表单开始自动运行。

软件界面左下角的状态栏中显示仪器当前的运行状态。表盘中当前在检的样品组（16 个孔位为一组）变为红色，代表此时正在采集此样品运行组的数据。

样品组在运行过程中,托盘链接按钮变为灰色,表示此时不能进行断开或链接托盘的操作。待一个托盘的所有样品组运行结束后,若另一个托盘已链接样品表单,则自动运行另一个托盘的样品组。

注意:在当前样品组运行过程中也可对该表单进行编辑,修改尚未运行的样品组信息或添加新的样品组。具体步骤:选中要编辑的表单,点击“编辑表单”,弹出对话框后点击“下一步”,之后按照样品编表规则对表单进行编辑。

(七)运行结束

运行结束后,样品表单自动与托盘断开,该表单项自动移至“已经运行的表单”一栏中。该样品组运行后的检测数据会保存在系统指定的文件夹中,之后采用分型软件对生成的结果文件进行分型比对分析。

注意:已运行过的表单也可以重新进行运行,具体步骤:选中预重新运行表单,单击右键,选择“重新运行”,则在弹出的对话框中“样品表单名称”处原表单名称后面加入“_R”后缀,也可根据实际需要修改表单名称及具体表单信息。

第九章

STR遗传标记分型结果的分析及应用

一、等位基因峰的分析

（一）分型结果评估

一个理想的分型结果，应该是每个基因座都只有一个基因峰（纯合子）或两个基因峰（杂合子），峰高的相对荧光单位（RFU）因基因分析仪的不同而有所差异，如ABI3130基因分析仪为1 000~4 000 RFU，ABI3500基因分析仪为5 000~10 000 RFU。杂合子时，一个基因座两个等位基因的峰高比（PHR）为100%。纯合子时，一个基因座的等位基因峰高为相邻基因座杂合子的等位基因峰高的一倍。

事实上，由于仪器的问题、试剂的问题、样品的问题、污染的问题等，这种理想状态不太容易达到。为此，在对分型结果进行判读前，首先应该通过分子量标准（内标）、等位基因分型对照物（ladder）、阳性对照、阴性对照，对自动分型结果进行评估确认。

1. 确认分子量标准（内标）的定位

每个试剂盒都会配置有专用的内标，由荧光素标记的双链DNA片段组成。目前常用的内标由20~40个DNA片段组成，范围为20~600 hp。

以LIS-500为例，由21条带有LIS荧光素（橙色）标记的双链DNA片段组成，分子量分别是60、65、80、100、120、140、160、180、200、225、250、275、300、325、350、375、400、425、450、470和500 bp（图9-1）。

每次样本电泳时，应加入内标同步电泳，并确认内标的定位是否与试剂盒给定的参数一致。

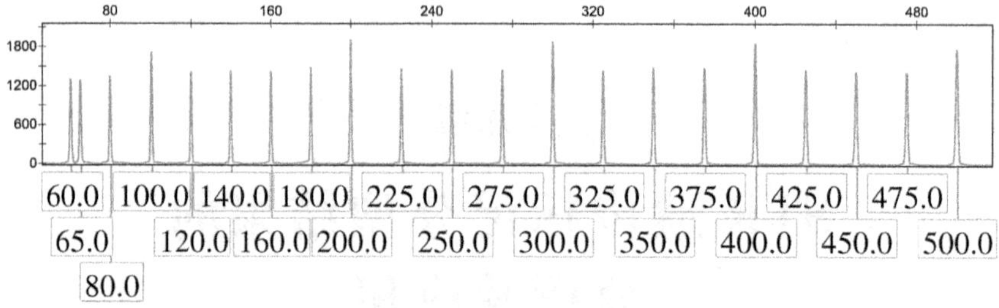

图 9-1 LIS-500 分子量标准(内标)图谱

2. 确认等位基因分型对照物(ladder)的定位和命名

每个试剂盒都会配置有专用的 ladder,由该试剂盒中涉及的基因座在人类群体中常见的等位基因人工混合而成,为被检测样品提供判型依据。

每次样本电泳时,应该同步电泳 ladder,并确认 ladder 每个基因座的片段长度范围是否与试剂盒给定的参数一致(图 9-2)。

3. 确认阳性对照、阴性对照的分型结果

每个试剂盒都会配置有专用的阳性对照,常用的阳性对照为 9947A(女性)和 9948(男性),是经美国国家标准和技术研究院(NIST)验证、美国联邦调查局(FBI)使用的法医学标准,分离自 9947A 和 9948 细胞系的基因组 DNA。也可以使用已知等位基因分型结果的样本作为阳性对照。阴性对照一般用纯水替代 DNA 样本,也可以是 PCR 扩增体系中除 DNA 样本外的其他组分替代 DNA 样本。

每次样本电泳时,应同步电泳阳性对照和阴性对照,并确认阳性对照的等位基因分型结果是否与已知等位基因型一致,阴性对照是否无等位基因峰(图 9-3)。

4. 确认样本的分型图谱

样本分型图谱清晰、均衡,等位基因的碱基数与 ladder 相应等位基因的碱基数偏差在±0.5 bp 之间。杂合子时,一个基因座两个等位基因的峰高比(PHR)大于 70%;纯合子时,一个基因座的等位基因峰高约为相邻基因座杂合子的等位基因峰高的一倍(图 9-4)。

(二) 基因分析仪的检测阈值和分析阈值

1. 检测阈值的设置

由于存在背景噪声的干扰,基因分析仪生产商会在出厂前设置一个检测阈值,以 ABI 基因分析仪为例,ABI 310/3100/3130/3700 系列,采用的是气态氩离

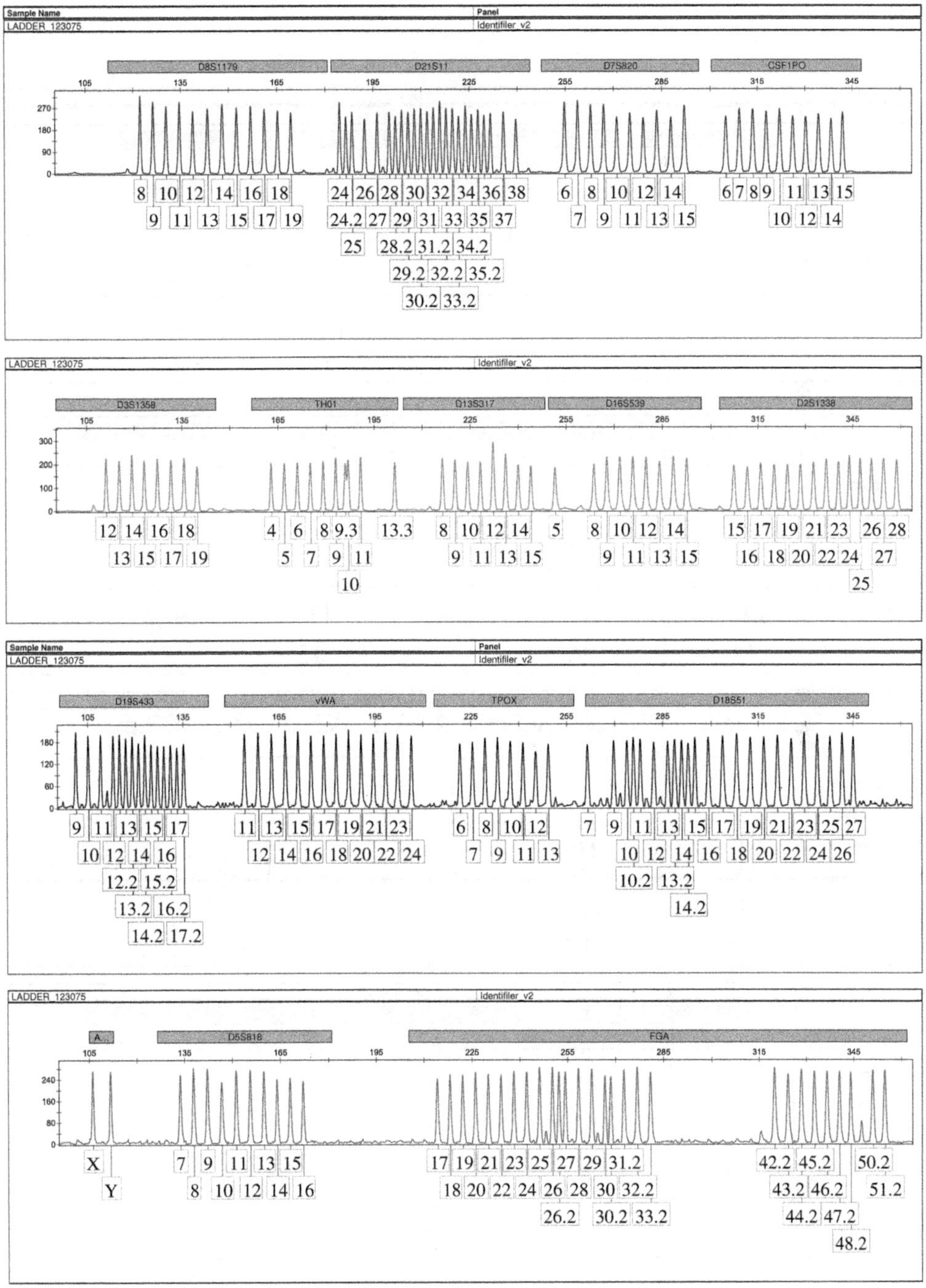

图 9-2 等位基因分型对照物(ladder)图谱

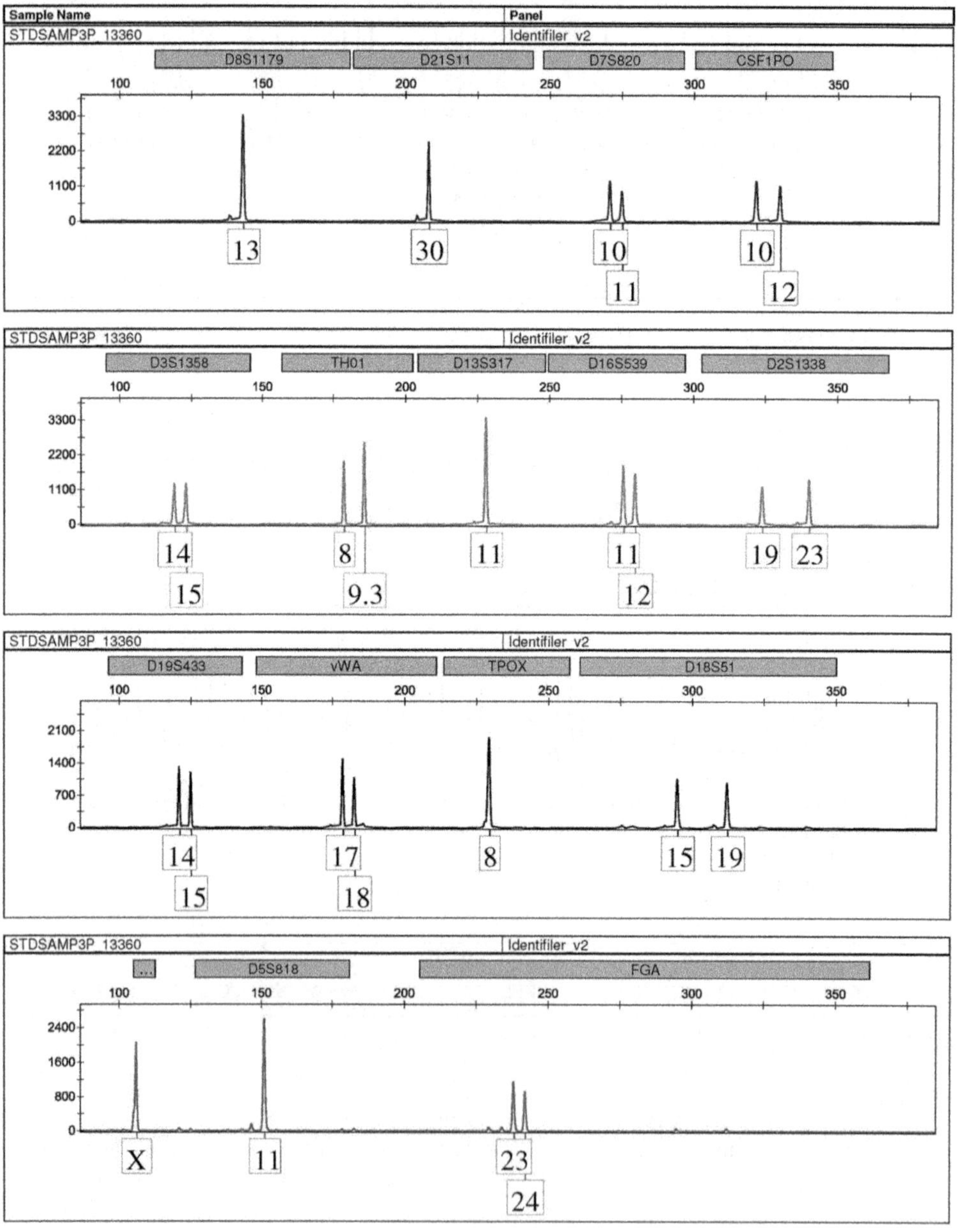
Sample Name
Panel
STDSAMP3P_13360
Identifiler_v2
D8S1179
D21S11
D7S820
CSF1PO
13
30
10
11
10
12
D3S1358
TH01
D13S317
D16S539
D2S1338
14
15
8
9.3
11
11
12
19
23
D19S433
vWA
TPOX
D18S51
14
15
17
18
8
15
19
D5S818
FGA
X
11
23
24

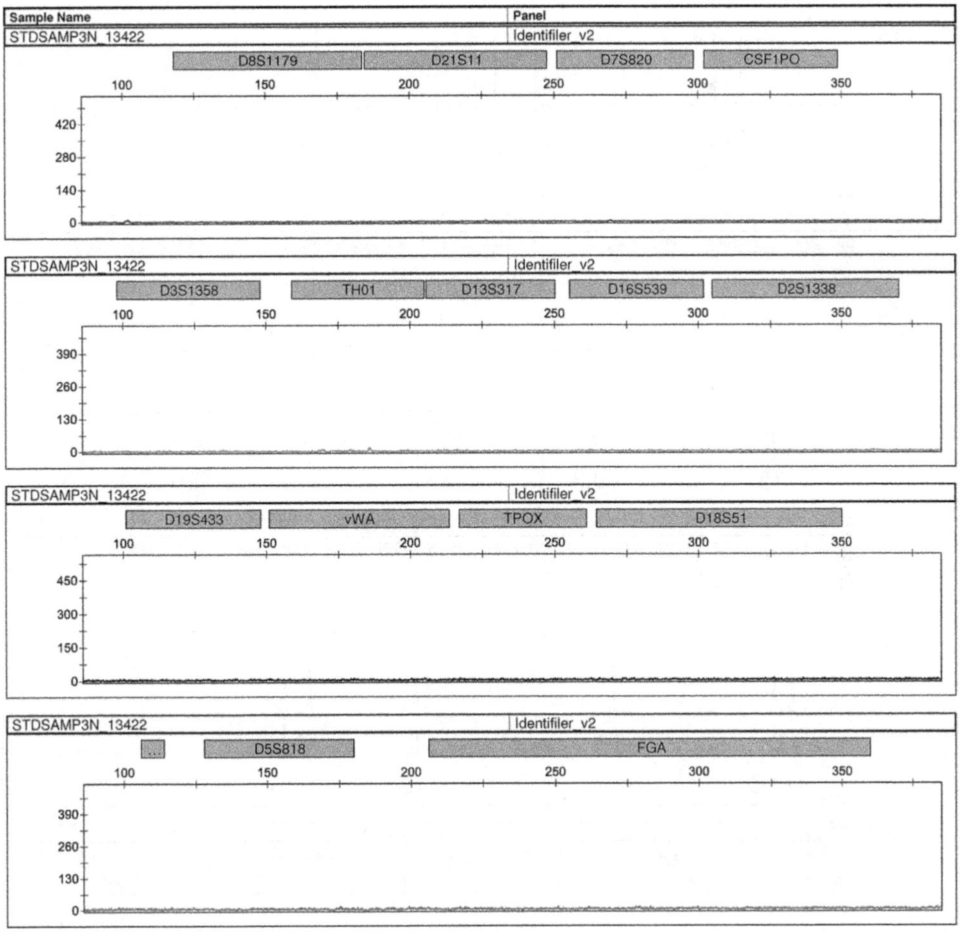

图 9-3　阳性对照和阴性对照图谱

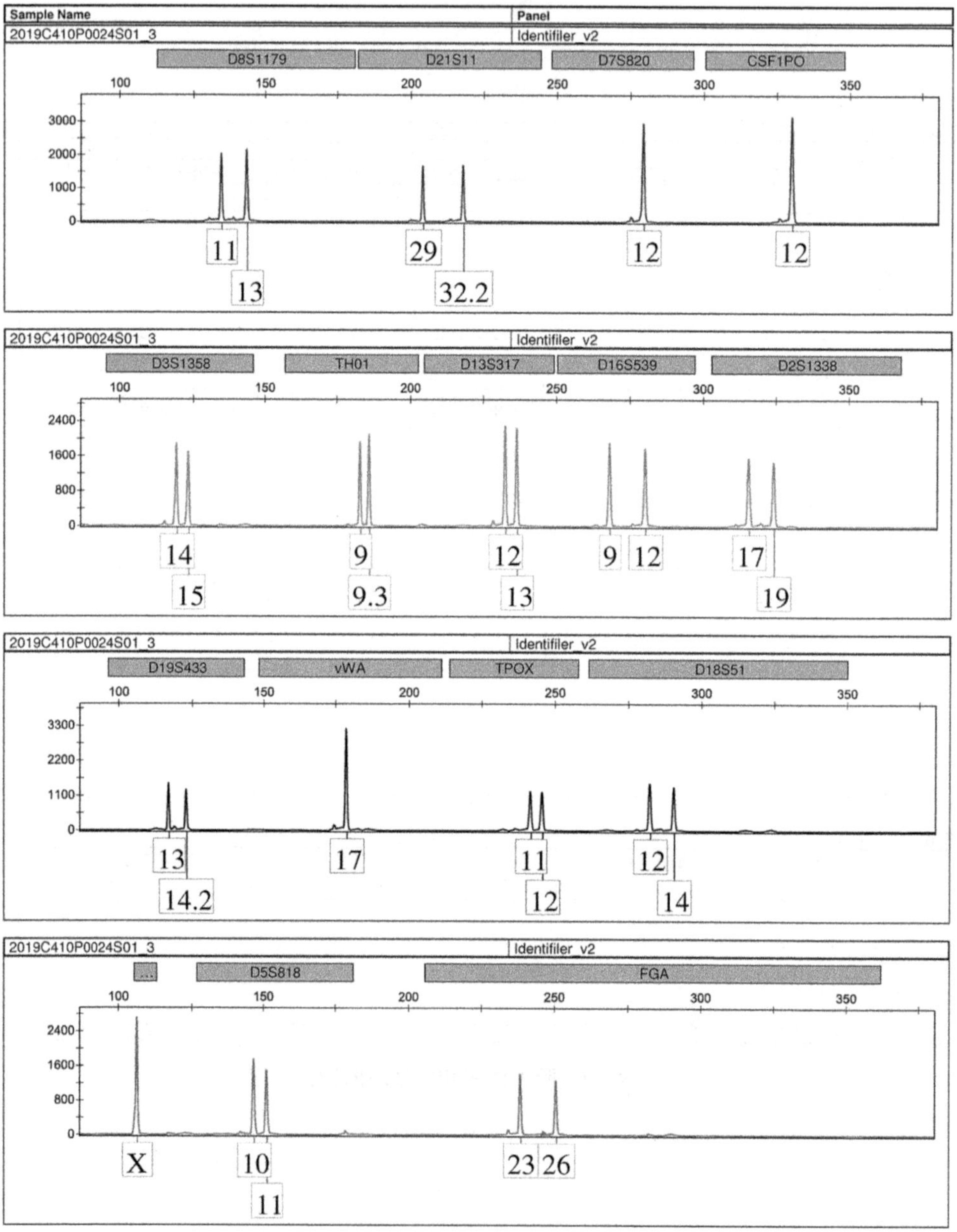
Sample Name
Panel
2019C410P0024S01_3
Identifiler_v2
D8S1179
D21S11
D7S820
CSF1PO
11
13
29
32.2
12
12
D3S1358
TH01
D13S317
D16S539
D2S1338
14
15
9
9.3
12
13
9
12
17
19
D19S433
vWA
TPOX
D18S51
13
14.2
17
11
12
12
14
...
D5S818
FGA
X
10
11
23
26

图 9-4 样本分型图谱

子激光器(激光激发的主要波长为488 nm),出厂检测阈值设置为50 RFU。新一代ABI 3500基因分析仪采用的是固态激光器(激光激发的主要波长为505 nm),获取信号的能力明显提升,为ABI 310/3100/3130/3700系列的3~4倍,为此,出厂检测阈值设置为175 RFU。

检测阈值通常是基于平均噪声水平再加上3倍噪声变量的标准差而建立的,依此来区别真实信号和背景噪声。一个稍高于检测阈值的峰极可能是真实信号,但也有可能是背景噪声,为此,生产商还会建议设置主峰20%的过滤值来去除背景噪声,确保基因分析仪自行分析的结果都是来源于真实信号。

可根据基因分析仪的型号、使用年限和实际检测效果设定检测阈值。

2. 分析阈值的设置

由于50 RFU或175 RFU的检测阈值是生产商设置的默认值,不是用已知量的样本经过实验验证的经验值,为了进一步从需要考虑的信号中排除不可靠的信号,我们需要设置一个分析阈值,之前使用ABI 310/3100/3130/3700系列时,行业标准GA/T 1163—2014对分析阈值的要求是大于100 RFU,国际刑警组织的标准为200 RFU。

分析阈值设置过低,可能将背景噪声认同为真实信号导致分型错误;分析阈值设置过高,可能将真实信号认同为背景噪声导致有用信息的丢失。为此,分析阈值应与基因分析仪相适应,在充分考虑基因分析仪的型号、使用年限和试剂检测效果的基础上,先设定检测阈值,然后再确定分析阈值,分析阈值应该高于检测阈值。

(三) OL峰(off-ladder)

1. 产生原理

检出的等位基因没有包含在ladder中,或是位于与ladder上相应等位基因±0.5 bp范围之外,分析软件自动命名为OL。

一是检测的等位基因为稀有等位基因,表现为超出该等位基因座ladder片段范围,或与ladder上相应等位基因0.5 bp范围之外的微变异,微变异峰在3.4进行说明;二是扩增产物在电泳过程中发生漂移,偏离原来位置,系统无法识别所致。

一些非等位基因峰也可表现为OL峰(图9-5)。

2. 判定和处理

因偏离产生的OL峰,一般常见于用不是同步电泳的ladder对样本进行分析的时候。采用气态氩离子激光器的基因分析仪进行电泳时,温度太低也常常容易发生。ladder同时电泳可消除因电泳条件(缓冲液、胶、室温)的细微差异导致

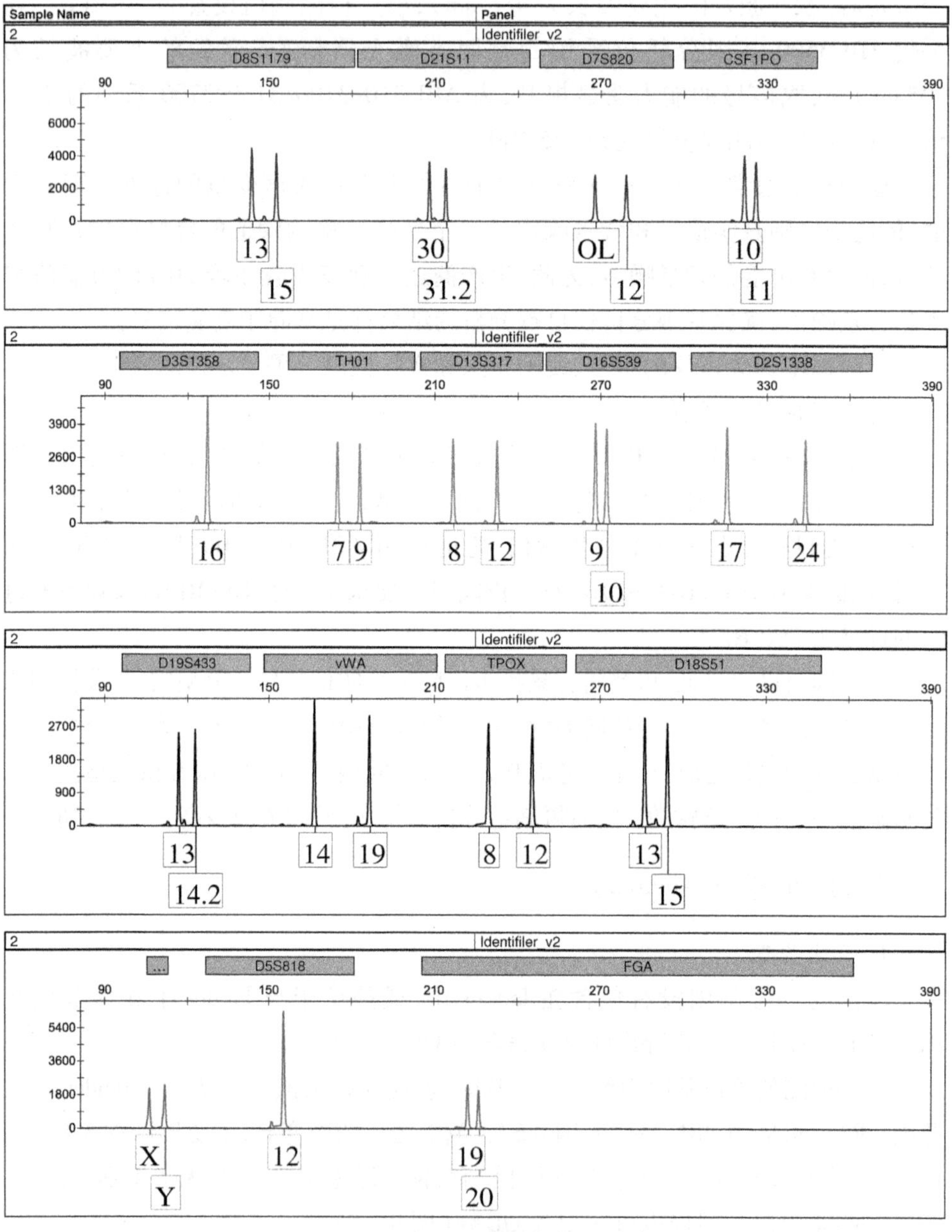

图 9-5　OL 峰图谱

漂移偏离产生的 OL 峰。也可以通过更换缓冲液、胶和提高室温来减少因电泳过程中漂移偏离产生的 OL 峰。

经重新扩增、电泳检验，更换不同引物序列的检测试剂盒重新检测，确定为稀有等位基因时，可根据 ladder 上邻近峰进行计算命名。

（四）微变异峰（microvariants）

1. 产生原理

因插入、缺失或碱基改变，导致与常规的等位基因相差一个或者几个碱基，产生的稀有等位基因。一般位于与 ladder 上相应等位基因 0.5 bp 范围之外，分析软件自动命名为 OL。

2. 判定和处理

经重新扩增、电泳检验，更换不同引物序列的检测试剂盒重新检测，均显示为 OL 时，可以判定为等位基因微变异。

因等位基因微变异而产生的 OL 峰，可根据该 OL 峰比 Ladder 对应峰大 1 bp、2 bp、3 bp……，进行人工修正命名为.1、.2、.3。

（五）等位基因丢失（dropout）

等位基因丢失往往在亲子鉴定中，或现场大量同一个体物证同步检验中发现，Amelogenin 基因座中 X 的丢失最为明确。一般在 STR 分型图谱中，一个基因座检出一个等位基因，与纯合子的检测结果相似，但峰高与相邻杂合子的单峰峰高相当，应该考虑可能存在等位基因丢失（图 9－6）。

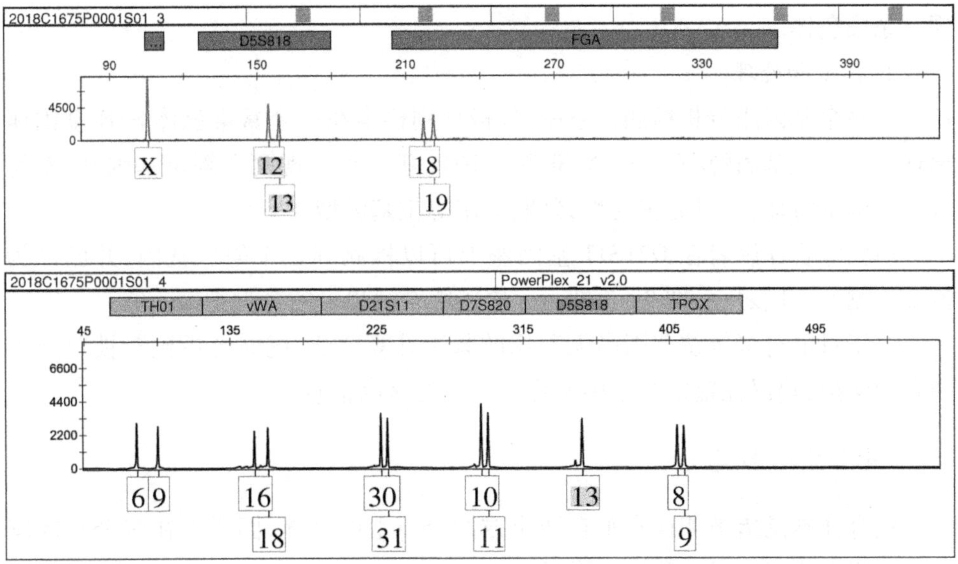

图 9－6　同一样本在 D5S818 基因座上，PowerPlex 21 试剂盒发生等位基因丢失

1. 产生原理

产生等位基因丢失的原因主要是两方面：一是因为 DNA 模板量太低或太高导致扩增不均衡所致；二是 PCR 引物结合区发生单碱基突变，阻碍引物的结合，导致扩增失败，无法检测到模板 DNA 中本身存在的一个等位基因。

2. 判定和处理

通过对图谱分析可以简单得出 DNA 模板量的高低，并通过调整 DNA 模板量可以简单解决因为 DNA 模板量太低或太高导致扩增不均衡所致的等位基因丢失。

考虑因 PCR 引物结合区发生单碱基突变，阻碍引物的结合，导致扩增失败，无法检测到模板 DNA 中本身存在的一个等位基因所致的等位基因丢失时，可更换不同引物序列的检测试剂盒重新检测。

（六）多等位基因型

在常染色体 STR 分型图谱中，单一样本的某一基因座检出 3 个及以上等位基因峰；在 Y 染色体 STR 分型图谱中，单一样本的某一基因座检出两个等位基因峰（图 9－7）。

1. 产生原理

多等位基因型形成的原因一般是样本中存在多余的染色体片段，甚至多出现一条染色体。

2. 判定和处理

在多个基因座分析检测体系中，仅极个别样本在一个常染色体 STR 基因座出现三个等位基因峰/在一个 Y 染色体 STR 基因座出现两个等位基因峰，不符合混合样本特征，并具有重复性，判断为多等位基因型。

唐氏综合征患者在 D21S11 基因座上可以检测到三个等位基因，并已作为诊断检测的手段之一，图 9－7 即为一唐氏综合征患者的分型图谱。

鉴于目前对多等位基因尚无通用的频率计算方法，同时考虑到对被鉴定人隐私的保护，建议在鉴定文书中不提及多等位基因信息。

（七）混合样本

混合样本是指被测样本来自两个或两个以上的个体，图谱上在多个基因座观察到三个或三个以上等位基因峰。

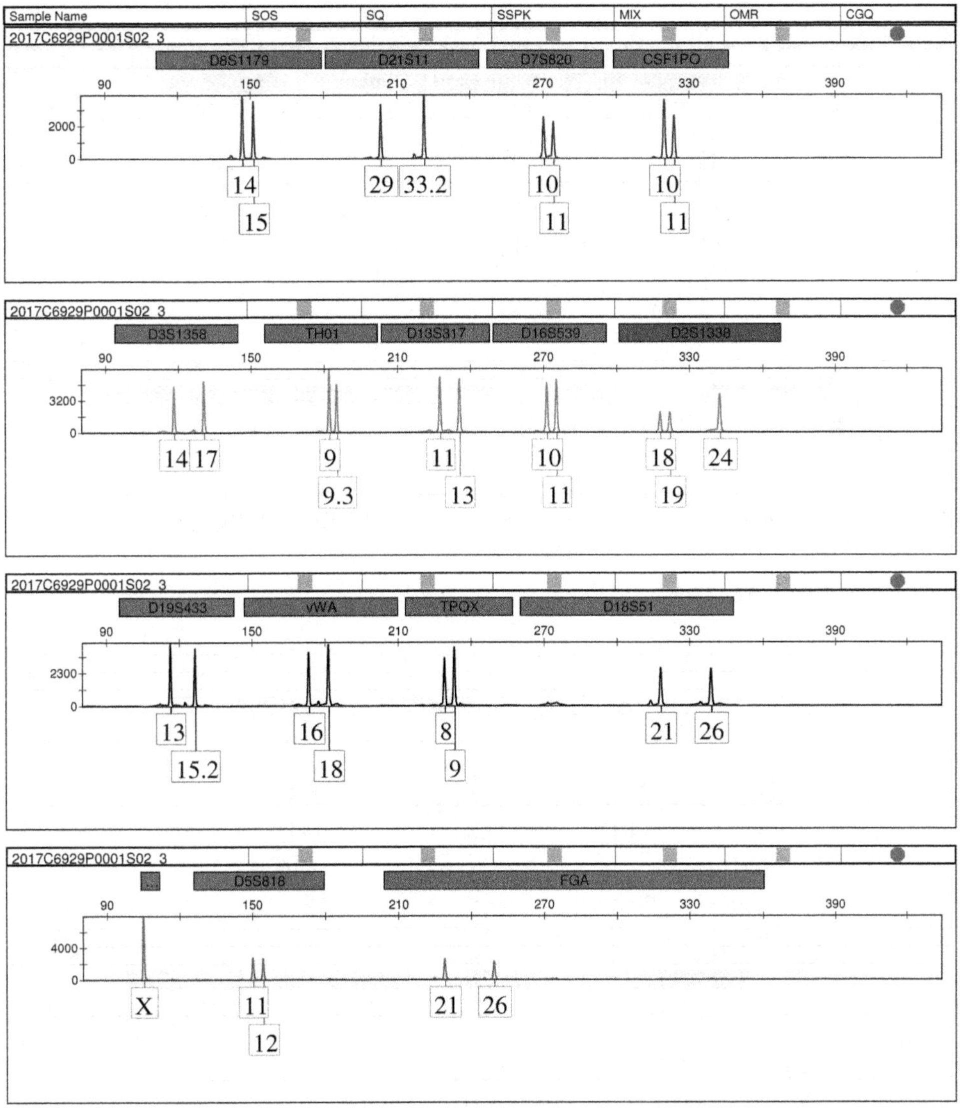

图 9-7　多等位基因图谱

1. 来源于两个个体混合分型的分析

如果有对照样本,可根据对照样本的分型推断出另一样本的等位基因型(图 9-8)。

(1) 如果两个样本的 DNA 量有较大差异,则较少成分样本的等位基因峰高与较多成分样本的等位基因峰高有较大的差异,可根据峰高推断两个样本的等位基因型,但是,要考虑混合样本的均衡性可能与单一样本的规律不符。

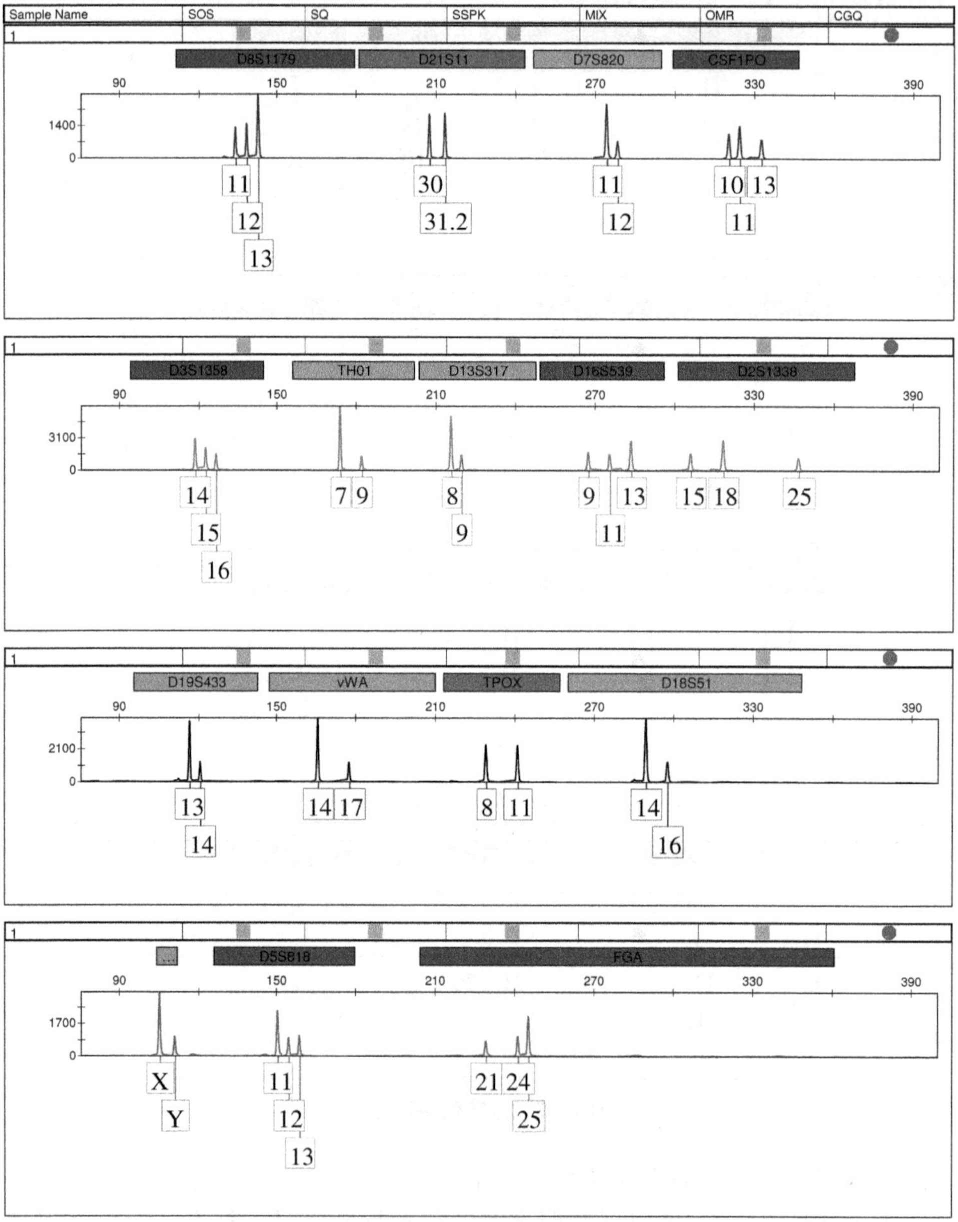

图 9-8　包含两个个体混合样本图谱

为此,在没有对照样本的情况下,可以根据峰高确定明确的基因分型,一般情况下,四个等位基因的基因座最容易拆分,且可靠。

另外,Amelogenin 基因座 X 和 Y 的明显峰高差可以提示这一混合为男女混合。

（2）如果两个样本的DNA量无明显差异，来源于两个个体的混合分型可表现为：一个基因座上有四个等位基因时，可有三种组合；有三个等位基因时，可有六种组合；有两个等位基因时，可有四种组合；有一个等位基因时，只有一种可能，即两个个体均为纯合子且等位基因相同。

如图示，D8S1179基因座可拆分为11，12/13（或11，13/12，13），D21S11可分拆为30，31.2/30，31.2，D7S820可分拆为11/11，12，TH01可分拆为7/7，9（或7/9），D13S317基因座可拆分为8/8，9（或8/9），D16S539可拆分为9，11/13（或9，13/11，13），D19S433可分拆为13/13，14（或13/14），vWA可分拆为14/14，17（或14/17），TPOX可分拆为8，11/8，11，D18S51可分拆为14/14，16（或14/16），D5S818可分拆为11/12，13（或11，12/11，13）FGA基因座可拆分为21，24/25（或21，25/24，25），根据这些相对明确的基因型进行比对，然后再将比中样本的基因型与其他基因座进行比对确认，最终得到一个完整的分型。

为此，在没有对照样本时，可以通过排列组合列出多种可能基因型，这可能是一项浩大工程。

2. 来源于两个个体以上混合分型的分析

来源于三个个体混合分型，如果有两个对照样本，则可依据对照样本的基因型尝试拆分，获得第三个体的分型。

图9－9为三个个体的混合样本图谱，已知一名女性样本的基因分型：D8S1179基因座为14，D21S11基因座为29/30，D7S820基因座为10/12，CSF1PO基因座为10/11，D3S1358基因座为16，TH01基因座为6/7，D13S317基因座为8/9，D16S539基因座为8/13，D2S1338基因座为23，D19S433基因座为13，vWA基因座为17，TPOX基因座为8，D18S51基因座为15/17，D5S818基因座为11/13，FGA基因座为23/25；一名男性样本的基因分型：D8S1179基因座为12/13，D21S11基因座为31.2/33.2，D7S820基因座为8/12，CSF1PO基因座为11/12，D3S1358基因座为15，TH01基因座为9/10，D13S317基因座为8/11，D16S539基因座为10/11，D2S1338基因座为23，D19S433基因座为12/14，vWA基因座为17/18，TPOX基因座为8/9，D18S51基因座为13/14，D5S818基因座为13，FGA基因座为22/24。为此，可以分拆推断另外一未知样本的基因分型：D8S1179基因座为11/13，D21S11基因座为30/31.2，TH01基因座为7/9，D16S539基因座为9/13，D2S1338基因座为15/18，FGA基因座为21/25。根据这些相对明确的基因型进行比对，然后再将比中样本的基因型与其他基因座进行比对确认，最终得到一个完整的分型。

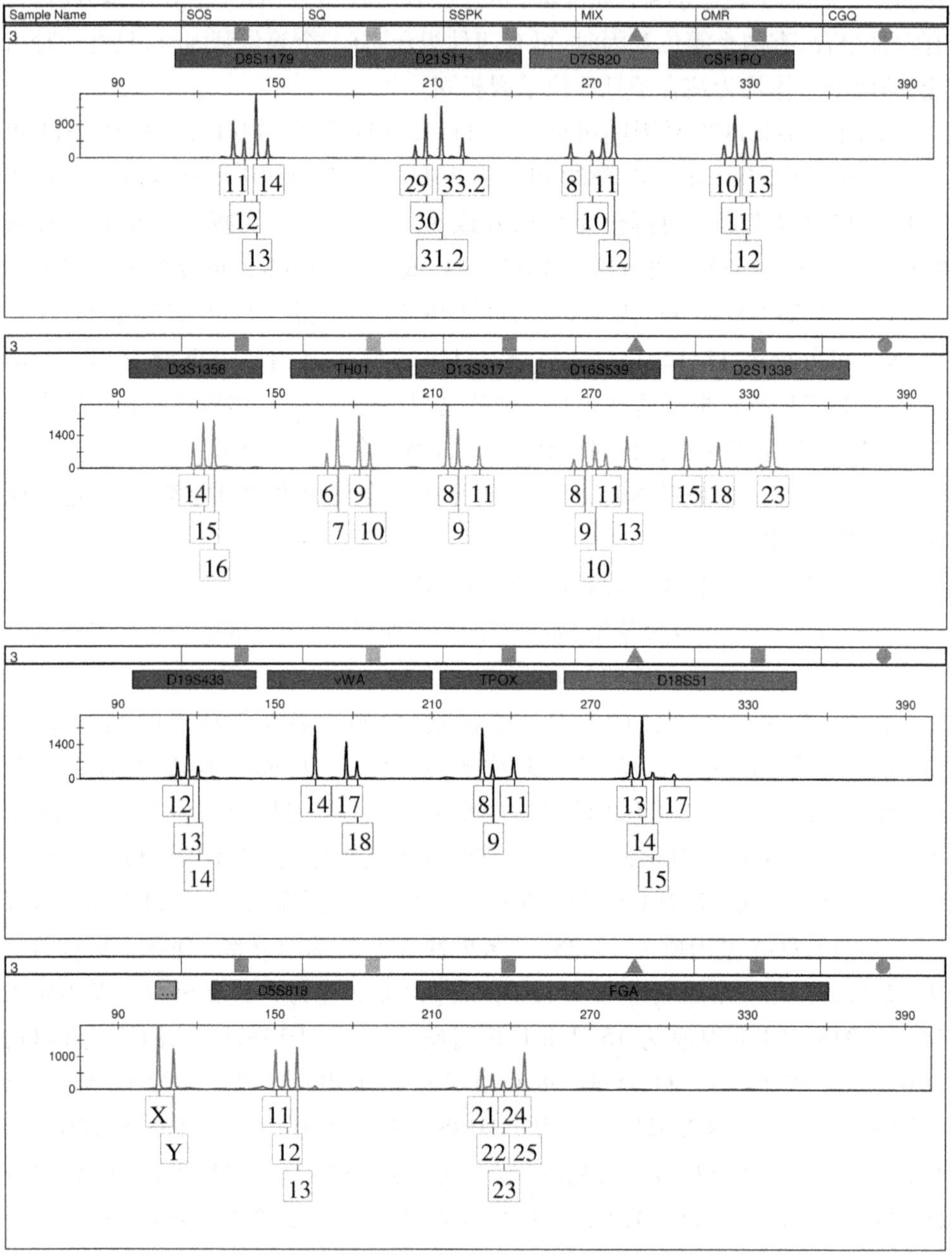

图 9-9 包含三个个体混合样本图谱

如果三个个体为一名女性二名男性，且两个对照样本为一名女性和一名男性，还可以进行 Y－STR 检验，分拆获得未知男性个体的 Y－STR 分型。

其余情况建议不主观判读等位基因型。

二、非等位基因峰的分析

由于我们采用了 PCR 技术和毛细管电泳技术对 STR 基因座进行分型，我们得到的一些数据可能并不来自样本，如来自 PCR 产物的滑移峰和非模板核苷酸添加，来自分析步骤错误的钉子峰和基线过高，来自仪器自身限制的拔起峰，来自实验过程中产生的引物荧光染料等。因此，在使用分型结果前，有必要识别任何潜在的非等位基因峰。

（一）影子峰/滑移峰（stutter）

在 STR 分型图谱中，一个等位基因主峰小一个重复单位的位置（偶尔在多一个重复单位的位置）出现一个信号较弱的峰（图 9－10）。

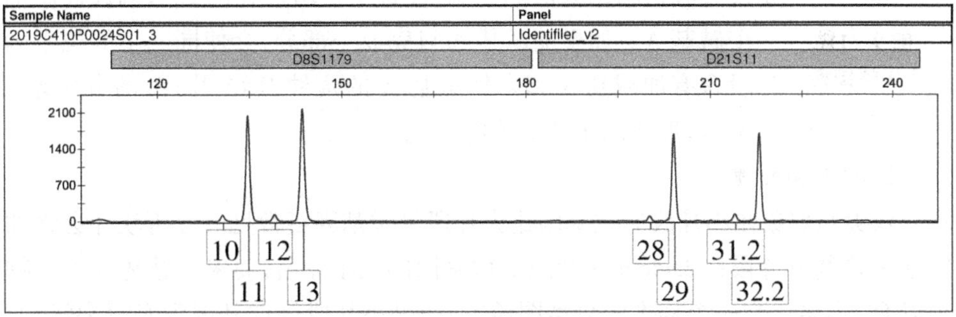

图 9－10　影子峰图谱

1. 产生原理

绝大部分影子峰/滑移峰是由于 STR 扩增中出现复制滑脱，减少 1 个重复单位而产生，一般峰高不超过其对应的等位基因峰的 15%。在一个基因座内片段长度较长的等位基因的影子峰产物量更多。

2. 判定和处理

基本为等位基因主峰小一个重复单位（偶尔多一个重复单位）；与其对应的等位基因峰比例小于 15%；影子峰/滑移峰的峰高取决于基因座、PCR 条件和聚合酶；重复单位序列越大出现影子峰/滑移峰越低，五碱基的重复单元<四碱基的重复单元<三碱基的重复单元<二碱基的重复单元；同一基因座中等位基因越大出现影子峰/滑移峰越高；基因座的核心重复序列被打断（如 vWA 的核心重复序列为 TCTA[TCTG]$_{3\text{-}4}$[TCTA]$_n$）则出现影子峰/滑移峰的比例降低；因随机效应，DNA 模板量越低其影子峰/滑移峰可能反而越高。

一般可通过减少扩增时的样本 DNA 量、减少电泳上样量等来降低影子峰对分型的影响。

对于微量 DNA 检验，应该注意区分影子峰/滑移峰和混合样本。

（二）非模板核苷酸添加（non-templated nucleotide addition）

在 STR 分型图谱中，一个目标等位基因峰的尖端部分分叉形成两个峰尖，或峰变宽（图 9－11）。

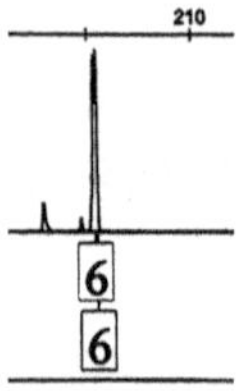

图 9－11 双尖峰图谱

1. 产生原理

在 PCR 反应中，DNA 聚合酶在扩增产物的 3′末端非特异性地连接一个腺苷酸。为保证扩增产物的碱基数完全相同，通过引物设计和扩增结束后的保温，使每个扩增产物的 3′末端都被添加一个碱基 A。如果加碱基 A 只完成一部分，会使同一个等位基因片段含有加碱基 A 和未加碱基 A 的两种 DNA 片段，两者相差 1 个碱基，形成两个峰尖或峰变宽。

2. 判定和处理

双尖峰现象在小片段等位基因比大片段等位基因更常见。分析软件会将加碱基 A 产物峰片段以 Ladder 中相应等位基因的大小命名，而未加碱基 A 的产物则以 OL 命名。当一个样本的分型图谱中，如果小片段等位基因没有双尖峰，而在大片段某个等位基因出现单一的双尖峰时，应该考虑样本在该基因座出现等位基因微变异。在排除等位基因微变异的前提下，可通过人工修正删除 OL 命名。

检验中可通过纯化样本 DNA、减少扩增时的样本 DNA 量及延长扩增循环后的延伸时间来消除两个峰尖或峰变宽。

（三）拔起峰/渗透峰（pull-up/bleed-through）

带有一种荧光的扩增产物峰在另一种荧光检测结果中能够表现出来的峰（图 9－12）。

1. 产生原理

拔起峰是由于基因分析仪对CCD探测器所检测到光信号的补偿失败而产生的。渗透峰是因为信号强度超过了检测的范围所致。

2. 判定和处理

当一个样本的分型图谱中,主峰所在等位基因的同一纵轴线其他所有颜色上均有相应的吸收峰时,判断为拔起峰/渗透峰。

可以通过减少扩增时的样本DNA量、减少进样时间、降低进样电压来消除拔起峰/渗透峰。

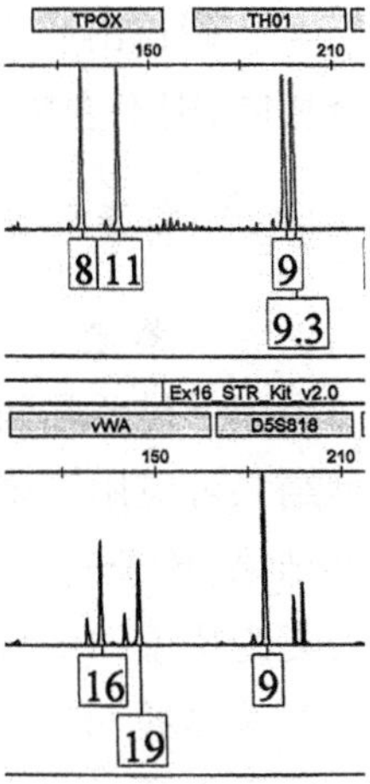

图9-12 拔起峰图谱

(四) 染料峰(dye blob)

染料峰是由于引物合成过程中荧光染料与引物结合不牢固,引物纯化过程中没有完全去除导致的。

染料峰会对微量DNA分析产生干扰。可以通过阴性对照进行排除。

目前,由于试剂盒的引物合成工艺和纯化方式进行了优化,染料峰较少被发现。

(五) 尖峰(spike)

尖峰可以由于灰尘、一次性手套上的粉末、空气气泡、电压激增、缓冲液沉积物、聚合物沉积物、毛细管损耗等原因形成。

尖峰一般不会重复出现,为此,可以通过重新电泳的方法解决。

尖峰在早期ABI 310型基因分析仪上常常发生,随着仪器、电泳胶、缓冲液等的优化,现在较少被发现。

三、结果应用

(一) 个体识别

人类DNA常染色体STR分型结果可应用于个体识别,即通过比较案发现场收集到的法医物证检材与比对样本的分型结果,判断前后两次或多次出现的个体是否为同一个体。若两份检材在多个遗传标记的分型结果不同(一般三个以上）,可明确得出结论——两份检材不是来自同一个体；若两份检材的分型结果完全相同，则不能排除两份检材来自同一个体。

（二）亲缘鉴定

1. 亲子鉴定

由于子代的基因一半来自父亲，一半来自母亲，故人类 DNA 常染色体 STR 分型结果可应用于亲子鉴定，即夫妻和孩子三份样本所检测的多个遗传标记的分型结果，孩子的一半等位基因来自父亲，另一半等位基因来自母亲时，不排除该夫妻为孩子的生身父母。

2. 父系推测

由于 Y 染色体呈父系遗传特征，Y－STR 等位基因只能由父亲传递给儿子，故人类 DNA 的Y－STR 分型结果可应用于父系推测，即两份样本所检测的多个遗传标记的分型结果完全一致时，不排除该两份样本所属个体为同一父系。为了避免潜在突变的影响，任何情况下都不能仅根据一个遗传标记不一致就排除为同一父系。人类 Y 染色体的每个遗传标记，一般对一个个体来说只有单一等位基因，从每个遗传标记获得的遗传信息往往用单倍型来表述。

四、遗传学计算

中国人群 59 个 STR 基因座等位基因频率分布见附件一，59 个 STR 基因座各遗传学参数统计结果见附二。

（一）基础参数

1. 等位基因频率

等位基因频率（allele frequency）是指在一个二倍体的某特定基因座上某一个等位基因占该基因座上等位基因总数的比率。

设 n_1 为含等位基因 i 的纯合子个体数，n_2 为含等位基因 i 的杂合子个体数，N 为群体总数。等位基因频率公式为：

$$P_i = \frac{2n_1 + n_2}{2N}$$

该基因座所有等位基因频率的总和为 1，即

$$\sum_{P_i} = 1$$

2. 基因型频率

基因型频率(genotype frequency)是指群体中某特定基因型个体的数目占个体总数的比率。基因型频率公式为:

某基因型频率=该基因型个数/群体个数总数

也可以通过等位基因频率进行计算,纯合子的频率为等位基因频率的平方(p^2),杂合子的频率为两个等位基因频率的乘积的2倍($2pq$),总的基因型频率为1。

3. 稀有等位基因频率

稀有等位基因指在某个STR基因座上检测到基因频率表中没有的等位基因。设X_i为该基因座上的稀有等位基因数,设N为群体总数。稀有等位基因频率公式为:

$$稀有等位基因的频率 = \frac{(X_i + 1)}{(2N + 1)}$$

(二)个体识别

1. 个人识别能力

个人识别能力(discrimination power, DP)是指从群体中随机抽取两个个体,其遗传标记基因型不相同的概率。设n为一个遗传标记的基因型数,P_i为群体中第i个基因型的频率。计算公式为:

$$DP = 1 - \sum_{i=1}^{n} P_i^2$$

累积个人识别能力(total probability of discrimination power, TDP)是指两个随机个体在多个遗传标记基因型不相同的概率。设n为基因座数,DP_i为第i个遗传标记的DP值。计算公式为:

$$TDP = 1 - \prod_{i=1}^{n}(1 - DP_i)$$

2. 随机匹配概率

随机匹配概率(random match probability,Pr)是指现场物证来自群体中一名随机无关个体,纯粹巧合其基因型一致的概率。计算公式为:

$$Pr = 1 \times P(X)$$

$P(X)$为人群中具有这种基因型的频率。

3. 似然率

似然率(likelihood,LR)是指对于同一事件的两个对立假设的概率值进行比较得到的比值,两个对立假设分别为原告假设(现场物证中的 DNA 是原告所留)和被告假设(现场物证中的 DNA 是一个无关个体所留)。

假设现场物证 DNA 和被告 DNA 的基因型都为 X,$P(X)$代表基因型组合 X 在群体中的频率,计算公式为:

$$LR = \frac{1}{P(X)}$$

分子假设现场物证中的 DNA 是原告所留,因为仅有一名个体,为此概率为 1。分母假设现场物证中的 DNA 是一个无关个体所留,故为群体中拥有这种基因型的频率 $P(X)$。

如果似然率的值大于 1,则支持原告假设,如果小于 1,则支持被告假设,支持强度见附录三。

(三) 亲子鉴定

1. 亲权指数

(1) 三联体(符合遗传规律):三联体常染色体 STR 基因座亲权指数计算公式见表 9-1。

表 9-1 三联体常染色体 STR 基因座亲权指数计算公式

生母基因型	孩子基因型	生父基因(推断)	被检男子基因型	PI 值计算公式
PP	PP	P	PP	$1/p$
PP	PQ	Q	QQ	$1/q$
PP	PP	P	PQ	$1/(2p)$
PP	PQ	Q	QR	$1/(2q)$
PP	PQ	Q	PQ	$1/(2q)$
PQ	QQ	Q	QQ	$1/q$
PQ	QR	R	RR	$1/r$
PQ	QR	R	RS	$1/(2r)$
PQ	PR	R	PR	$1/(2r)$

续 表

生母基因型	孩子基因型	生父基因(推断)	被检男子基因型	PI 值计算公式
PQ	QQ	Q	QR	$1/(2q)$
PQ	PQ	P or Q	PP	$1/(p+q)$
PQ	PQ	P or Q	QQ	$1/(p+q)$
PQ	PQ	P or Q	PQ	$1/(p+q)$
PQ	PQ	P or Q	PR	$1/[2(p+q)]$

注：p、q、r 分别表示等位基因 P、Q、R 的分布频率。

（2）三联体(不符合遗传规律)：计算实例见表 9－2。

表 9－2　计算实例(以 D13S317 为例，平均突变率为 0.002)

基因型	母亲	孩子	被检男子	亲权指数
D13S317	7	7－8	9－11	$\mu/(4p_8)$
D13S317	7	7－8	10－11	$\mu/(40p_8)$
D13S317	7	7－8	11－12	$\mu/(400p_8)$
D13S317	7	7－8	9	$\mu/(2p_8)$
D13S317	7－8	8	9	$\mu/(2p_8)$
D13S317	7－8	8	7－9	$2\mu/(4p_8)$
D13S317	7－8	8	9－11	$\mu/(4p_8)$
D13S317	7－9	7－9	10－11	$\mu/[4(p_7+p_9)]$
D13S317	7－9	7－9	10	$\mu/[2(p_7+p_9)]$
D13S317	7－9	7－9	8－10	$3\mu/[4(p_7+p_9)]$

注：1）表中 p_7、p_8、p_9 为相应等位基因 7、8、9 的频率。

2）如果母亲的表型为 QQ，孩子的表型为 PQ，被检男子表型为 $P'R$，其中 P' 比 P 小或大 1 个或 2 个重复单位($s=1$ 或 2)。μ 为该基因座平均突变率。p 为等位基因 P 的频率。
如果突变为 1 步($s=1$)，则：$PI=X/Y=\mu/(4p)$
如果突变为 2 步($s=2$)，则：$PI=X/Y=\mu/(40p)$
依此类推。

3）偶尔会遇到不能区分 STR 不符合遗传规律的现象是源自母亲或是源自被检男子。此时亲权指数的计算应考虑男女突变率不相同。例如：D13S317 基因座，母亲为 7－8，孩子为 7－9，被检男子为 7－8。父权指数计算方法为：
式中，$mut_f 8\rightarrow 9$ 为被检男子的等位基因 8 突变为 9 的概率；$mut_m 8\rightarrow 9$ 为母亲的等位基因 8 突变为 9 的概率。μ_f 为男性突变率，μ_m 为女性突变率。通常，男性突变率高于女性突变率。例如，男性突变率可取值 0.002，而女性突变率可取值 0.000 5～0.001，为了便于实验室间的数据比较，推荐女性突变率可取值 0.000 5。

（3）二联体(符合遗传规律)：二联体常染色体 STR 基因座亲权指数计算公式见表 9－3。

表 9－3 二联体常染色体 STR 基因座亲权指数计算公式

孩子基因型	被检男子基因型(被检女子)	PI 值计算公式
PP	PP	$1/p$
PP	PQ	$1/(2p)$
PQ	PP	$1/(2p)$
PQ	PQ	$(p+q)/(4pq)$
PQ	PR	$1/(4p)$

注：p、q、r 分别表示等位基因 P、Q、R 的分布频率。

（4）三联体(不符合遗传规律)：计算实例见表 9－4。

表 9－4 计算实例(以 D7S820 为例，平均突变率为 0.002)

基因型	孩子	被检男子(被检女子)	亲权指数
D7S820	7－8	9－11	$\mu/(8p_8)$
D7S820	7－8	10－11	$\mu/(80p_8)$
D7S820	7－8	11－12	$\mu/(800p_8)$
D7S820	7－8	9	$\mu/(4p_8)$
D7S820	8	9	$\mu/(2p_8)$
D7S820	8	7－9	$2\mu/(4p_8)$
D7S820	8	9－11	$\mu/(4p_8)$
D7S820	7－9	8－10	$\mu(2p_7+p_9)/(8p_7p_9)$
D7S820	7－9	8	$\mu(p_7+p_9)/(4p_7p_9)$
D7S820	7－9	6－10	$\mu(p_7+p_9)/(8p_7p_9)$

注：1）表中 p_7、p_8、p_9 为相应等位基因 7、8、9 的频率。
2）如果孩子的表型为 PQ，被检男子表型为 P′R，其中 P' 比 P 小或大 1 个或 2 个重复单位(s＝1 或 2)。μ 为该基因座平均突变率。p 为等位基因 P 的频率，则亲权指数计算方法为：
突变为 1 步(s＝1)，则：$PI=X/Y=\mu/(8p)$
突变为 2 步(s＝2)，则：$PI=X/Y=\mu/(80p)$
突变为 3 步(s＝3)，则：$PI=X/Y=\mu/(800p)$
依此类推。

（5）累计亲权指数：多个遗传标记用于亲子鉴定时，设每个遗传标记的亲权指数分别 PI_1、PI_2、PI_3…PI_n，n 个遗传标记的亲权指数相乘则为累计亲权指数(Combined paternity index，CPI)，则：

$CPI=PI_1\times PI_2\times PI_3\times\cdots\times PI_n$（1、2、3、$n$ 代表第 1、2、3、n 个基因座的 PI 值）

2. 排除概率

目前常用的 DNA 遗传标记,如 STR 一个基因座有多个等位基因,并且均为显性。设 p_i 代表群体中第 i 个等位基因频率,p_j 代表群体中第 j 个等位基因频率,并且等位基因 i 不等于等位基因 j,则排除概率计算公式为:

三联体亲子鉴定: $PE = \sum p_i(1-p_i)^2 - 1/2[\sum\sum p_i^2 p_j^2(4-3p_i-3p_j)]$

二联体亲子鉴定: $PE = \sum_{i=1}^{n} P_i^2(1-P_i)^2 + \sum_{i<j}^{n} 2P_iP_j(1-P_i-P_j)^2$

上述公式是对于一个基因座而言的。亲子鉴定不止使用一个基因座,有必要知道使用的全部遗传标记对于不是孩子生父的男子,否定父权有多大的可能性,即累计排除概率(cumulative probability of exclusion, CPE)。

计算累计排除概率的前提条件是一个遗传标记系统独立于另一个系统。累计排除概率计算公式为:

$$\mathrm{CPE} = 1-(1-PE_1)(1-PE_2)(1-PE_3)\cdots(1-PE_k) = 1-\prod(1-PE_k)$$

上式中,PE_k 为第 k 个遗传标记的 PE 值。求出各个遗传标记的 PE 值后,可按公式求出累计排除概率(CPE)。

| 第十章 |

线粒体 DNA 分析

线粒体 DNA 是线粒体中的遗传物质，通过卵细胞传递，呈母系遗传特征。线粒体 DNA 为单一环状 DNA 分子，结构牢固不易降解，为此，常被用于检验没有核细胞的毛干、核细胞缺乏的白骨化尸骨、腐败降解的检材等。传统的分析方法为人类线粒体 DNA 测序，近年来有产品化的线粒体 DNA－SNP 检测试剂盒可供选择。

一、线粒体 DNA－SNP 检验方法

（一）Expressmarker mtDNA－SNP60 荧光检测试剂盒

由上海市公安局和无锡中德美联生物技术有限公司联合研发，是目前国内外唯一的商品化线粒体 DNA－SNP 检测试剂盒，包括 152、709、1541、1719、1811、2706、3010、3348、3970、4216、4491、4833、4883、5178、5417、5442、5460、6446、7028、7196、7600、8020、8414、8584、8684、8697、8701、8793、8794、8964、9123、9477、9545、9698、9824、10310、10397、10398、10400、10873、11215、11251、11719、12372、12705、12811、13104、13928、14569、14668、15043、15784、16126、16129、16311、16362、16316、16319 计 58 个 SNP 位点，9 bp、CA 计 2 个片段多态性位点，共计 60 个位点。PCR 扩增体系及扩增程序详见表 10－1、表 10－2。

表 10－1　Expressmarker mtDNA－SNP60 荧光检测试剂盒扩增体系配制表

试　剂	剂量(μL)		
Reaction Mix	10.0	10.0	10.0
mt60 FAM Primers	5.0	/	/

续 表

试 剂	剂量(μL)		
mt60 HEX Primers	/	5.0	/
mt60 TAMRA Primers	/	/	5.0
热启动 C－*Taq* 酶(5 U/μL)	1.0	1.0	1.0
模板 DNA	0.025～0.05 ng	0.025～0.05 ng	0.025～0.05 ng
补水(sdH_2O)	25.0	25.0	25.0

表 10－2 Expressmarker mtDNA－SNP60 荧光检测试剂盒扩增程序设置表

95℃ 变性	10 个循环			20 个循环			72℃ 延伸	4℃ 保温
	94℃ 变性	60℃ 复性	72℃ 延伸	94℃ 变性	58℃ 复性	72℃ 延伸		
3 min	30 s	45 s	60 s	30 s	45 s	60 s	20 min	∞

三种荧光标记样本分别扩增,扩增结束后 3 000 r/min 离心 3 min,三种荧光标记扩增产物合一电泳检测。

若不是立即电泳或电泳完后需留用,扩增产物保存时间小于 2 周的需放于 4℃冰箱保存,保存时间大于 2 周的需放于-20℃冰箱保存。

(二) 电泳分析

1. 光谱校正

Expressmarker mtDNA－SNP 60 荧光检测试剂盒选择 E5 模式,配套的 5DyeMatrix 标准品包含 FAM、HEX、TAMRA、ROX 和 SIZ 标记的片段各一条。

注意:进行新的光谱校正(spectral calibration)前必须更换电泳缓冲液和水,并清洗存放水和电泳缓冲液的塑料槽与橡胶盖子,最好更换橡胶盖子。

(1)"Data Collection V1x"版本创建"E5 Matrix"文件方法

1)"5Dye Matrix"标准品准备:Hi－Di 甲酰胺 192 μL 加"5Dye Matrix"标准品 8 μL,混匀,分装 12.5 μL 至 96 孔板的 16 个孔(如 A1～H2)中,95℃变性 3 min,冰浴 3 min(也可先变性再分装),3 000 r/min 离心 3 min,置于基因分析仪自动进样架上。

2)参数设置

A. 新建"Matrix Run Module"文件:点击"Run Module",选择"Spectral"中的

"Spect36_POP4",修改"Injection_Voltage"为"3KV""Injection_Time"为"10s",其他参数默认,另存为"AGCU_Matrix"。

注意:进样电压和进样时间可根据检测峰高适当调整,以控制峰值在 1 000~4 000 RFU 之间为最佳。

B. "Spectral Parameter"修改:根据如下路径,D://AppliedBiosystem/supportfiles/DataCollection/calibrationdata/spectralcalibration/paramfiles,找到"MtxStd(Genescan-SetE5)par"文件,打开后将"Condition Bounds"的范围改成"【2,10】",保存。

3)编辑"Matrix"进样表

A. "Matrix"进样表命名:按如下顺序点击"Plate View",点击"New",点击"Plate Editor",完成以下设置:

a. 进样表命名为:如"AGCU_E5_Matrix_20190101";

b. 选择"Spectral Calibration";

c. 在"Plate Type"栏选择"96-well";

d. 点击"Finish"。

B. 参数选择:在样品对应位置(A1~H2)填入样品名(任意名称均可),在"Dye Set"栏选择"E5",在"Run Module"栏选择"AGCU_Matrix",在"Spectral Parameter"栏选择"MtxStd(Genescan-SetE5)par",点击"OK"。

4)连接电泳:选中名称为"AGCU_E5_Matrix_20190101"的进样表,再点中对应样品盘(A 或 B),此时"Run"按钮"▲"被激活,点击"▲"运行。

5)查看"E5 Matrix"文件:创建成功的"E5 Matrix"文件可按如下路径查看:点击"Tool",点击"Display Spectral Calibration",点击"Dye Set",点击"E5",此界面显示的即是刚建立成功的"E5 Matrix"文件。

如果重复建立了几次"E5 Matrix"文件后,需要激活之前的"E5 Matrix"文件,可以按照上述查看路径,选择需激活的"E5 Matrix"文件,点击"Set"即可。

(2)"Data Collection V2x"或"Data Collection V3x"版本创建"E5 Matrix"文件方法。

1)"5Dye Matrix"标准品准备:Hi-Di 甲酰胺 192 μL 加"5Dye Matrix"标准品 8 μL,混匀,分装 125 μL 至 96 孔板的 16 个孔(如 A1~H2)中,95℃变性 3 min,冰浴 3 min(也可先变性再分装),3 000 r/min 离心 3 min,置于基因分析仪自动进样架上。

2)参数设置

A. 新建"Matrix Run Module":点击"Module Manager",点击"New",在其

“Run Module Editor”界面，分别编辑如下内容：

a. 命名“Run Module”：AGCU_Matrix。

b. 选择“Type”：选择“SPECTRAL”。

c. 选择“Template”：选择“Spect36_POP4”。

d. 参数修改：“Injection_Voltage”为“3KV”“Injection_Time”为“10s”。

e. 点击“OK”。

注意：进样电压和进样时间可根据检测峰高适当调整，以控制峰值在1 000~4 000 RFU为最佳。

B. 新建“Matrix Instrument Protocol”文件：点击“Protocol Manager”，点击“New”，在“Protocol Editor”界面，分别编辑如下内容：

a. 命名“Protocol”：AGCU_E5_Matrix。

b. 选择“Type”：选择“SPECTRAL”。

c. 选择“Dye Set”：选择“E5”。

d. 选择“Polymer”：选择“POP4”。

e. 选择“Array Length”：选择“36”。

f. 选择“Chemistry”：选择“Matrix Standard”。

g. 选择“Run Module”：选择“AGCU_Matrix”。

h. 编辑其他参数：点击“Edit Param”，修改如下：

* “Matrix Condition Number Bounds”：“Lower”选择“2”“Upper”选择“10”。

* “Locate Start Point”：“After Scan”选择“2000”“Before Scan”选择“5000”。

* 点击“OK”。

i. 点击“OK”。

3）新建“Matrix”进样表：点击“Plate Manager”，点击“New”，打开“New Plate Dialog”界面，编辑如下内容：

A. 命名“Plate”：如“AGCU_E5_Matrix_20190101”。

B. 选择“Application”：选择“Spectral Calibration”。

C. 选择“Plate Type”：选择“96 - Well”。

D. 编辑“Owner Name”：实验者名字首字母缩写。

E. 编辑“Operator Name”：操作者名字首字母缩写。

F. 点击“OK”，弹出“Spectral Calibration Plate Editor”界面，编辑参数如下：在样品对应位置（A1~H2）填入样品名（任意名称均可），在“Instrument Protocol”栏选择“AGCU_E5_Matrix”，点击“OK”。

4）连接电泳：在“Run Scheduler”里的“PlateView”中查找名称为“AGCU_E5_Matrix_20190101”的进样表，选中后连接对应样品盘（A 或 B），此时“Run”按钮“▲”被激活，点击“▲”运行。

5）查看“E5 Matrix”文件：创建成功的 Matrix 文件可以从“Spectral Viewer”观察，在“Dye Set”中选择 E5，界面显示的即是刚创建成功的“E5 Matrix”文件（可以点击“Rename”重新命名）。

如果重复建立了几次“E5 Matrix”文件后，需要激活之前的“E5 Matrix”文件，可以选择需激活的“E5 Matrix”文件，点击“Set”即可。

2. PCR 产物的检测

（1）“DataCollectionV1x”版本样品检测方法

1）PCR 产物电泳前准备

A. 根据需电泳的样品数计算电泳混合液中 Hi－Di 去离子甲酰胺和分子量内标“MarkerSIZ－500”的量（表 10－3）。

表 10－3　电泳反应体系配制表

试　　剂	每个反应体积（μL）
MarkerSIZ－500	0.5
Hi－Di 去离子甲酰胺	12.0

注意：

a. 由于检测设备灵敏度不同，内标和去离子甲酰胺的比例可适当调整。

b. 甲酰胺的质量非常重要，要求电导率<100 S/cm 的去离子甲酰胺，建议将甲酰胺分装并于-20℃冻存。

c. 计算所需电泳混合液时应按照 N+2 来混合，以抵消吸样误差。

B. 每孔加入 12.5 μL 上样混合物、同一样本的三色扩增产物各取 1 μL 混匀，避免产生气泡。

C. 每个“RUN”中预留一孔加入 12.5 μL 上样混合物、1 μL mt60 Allelic Ladder，混匀，避免产生气泡。

注意：

a. 空白孔处需加入 12.5 μL 电泳混合液、Hi－Di 去离子甲酰胺或超纯水。

b. mt60 Allelic Ladder 的加量可根据实际电泳情况适当调整，确保 Ladder 出峰准确且每个峰均可辨认。

D. 加好样的 96 孔板盖紧硅胶盖，3 000 r/min 离心 1 min，然后进行 95℃ 变性 5 min，结束后立即冰浴 3 min。

注意：由于线粒体试剂盒扩增产物较多，所以扩增产物必须变性后跑样，以消除二级结构的影响。

E. 基因分析仪电泳检测。

2）新建样品“Run Module”：点击“Run Module”，选择“Gene Scan”中的“GeneScan_36_POP4”，修改“Injection_Voltage”为“3KV”“Injection_Time”为“10s”，其他参数默认，另存为“AGCU_STR”。

注意：进样电压和进样时间可根据检测峰高适当调整，以控制峰值和在 1 000~4 000 RFU 为最佳。

3）编辑样品进样表

A. 样品进样表命名：点击“Plate View”，点击“New”，点击“Plate Editor”，完成以下设置：

a. 进样表命名为：如“AGCU_E5_STR_20190101”。

b. 选择“Spectral Calibration”。

c. 在“Plate Type”栏选择“96 - well”。

d. 点击“Finish”。

B. 参数选择：在样品对应位置填入样品名，在“BioLIMSProject”栏的下拉菜单中选择“3100_Project1”，在“Dye Set”栏选择“E5”，在“Run Module”栏选择“AGCU_STR”，点击“OK”。

4）连接电泳：选中名称为“AGCU_E5_STR_20190101”的进样表，再点中对应样品盘(A 或 B)，此时“Run”按钮“▲”被激活，点击“▲”运行。

（2）“Data CollectionV2x”或“Data CollectionV3x”版本样品检测方法

1）PCR 产物电泳前准备：此步同前。

2）参数设置

A. 新建样品“Run Module”文件：点击“Module Manager”，点击“New”，在其“Run Module Editor”界面，分别编辑如下内容：

a. 命名“Run Module”：AGCU_STR。

b. 选择“Type”：选择“REGULAR”。

c. 选择“Template”：选择“FragmentAnalysis36_POP4_1”。

d. 参数修改：“Injection_Voltage”为“3KV”“Injection_Time”为“10s”。

e. 点击“OK”。

注意：进样电压和进样时间可根据检测峰高适当调整，以控制峰值在 1 000~4 000 RFU 之间为最佳。

B. 新建样品“Instrument Protocol”文件：点击“Protocol Manager”，点击“New”，在其“Protocol Editor”界面，分别编辑如下内容：

a. 命名“Protocol”：“AGCU_E5_STR”。

b. 选择“Type”：选择“REGULAR”。

c. 选择“Run Module”：选择“AGCU_STR”。

d. 选择“Dye Set”：选择“E5”。

e. 点击“OK”。

C. 新建样品进样表：点击“Plate Manager”，点击“New”，打开“New Plate Dialog”界面，编辑如下内容：

a. 命名“Plate”：如“AGCU_E5_STR_20190101”。

b. 选择“Application”：选择“Gene Mapper_Genenric”。

c. 选择“Plate Type”：选择“96 - Well”。

d. 编辑“Owner Name”：实验者名字首字母缩写。

e. 编辑“Operator Name”：操作者名字首字母缩写。

f. 点击“OK”，弹出“Gene Mapper Plate Editor”界面，编辑参数如下：在样品对应位置填入样品名，在“Results Group”中选择实验者文件夹，在“Instrument Protocol”栏选择“AGCU_E5_STR”，点击“OK”。

D. 连接电泳：在“Run Scheduler”里的“Plate View”中查找名称为“AGCU STR_20190101”的进样表，选中后连接对应样品盘（A 或 B），此时“Run”按钮“▲”被激活，点击“▲”运行。

3. 使用 Gene Mapper ID 软件分析数据

（1）Expressmarker mtDNA - SNP 60 荧光检测试剂盒结果分析软件导入

1）插入 AGCU 分型软件光盘，启动 GeneMapperID 软件。

2）从“Tools”下拉栏中点击“Panel Manager”，选择左下窗口中的“Panel Manager”。

3）点击“File”菜单下的“Import Panels”，弹出文件栏，找到 AGCU 分型软件光盘中的“mt60 SNP_V1.0_Panels.txt”，点击“Import”。

4）选中“mt60 SNP_V1.0_Panels”，点击“File”菜单下的“Import Bin Set”，弹出文件栏，找到 AGCU 分型软件光盘中的“mt60 SNP_V1.0_bins.txt”，点击

“Import”。

5）点击“OK”，成功输入 Expressmarker mtDNA－SNP 60 荧光检测试剂盒分型文件。

（2）Expressmarker mtDNA－SNP 60 荧光检测试剂盒分析参数导入

1）从“Tools”下拉栏中点击“Gene Mapper Manager”。

2）选择“Analysis Method”，找到 AGCU 软件光盘中的“mt60 SNP_V1.0 analysis method.x mL”点击“Import”。

3）选择“Size Standard”，找到 AGCU 软件光盘中的“Marker SIZ－500.xmL”，点击“Import”。

4）选择“Table Setting”，找到 AGCU 软件光盘中的“mt60 SNP table settings. xmL”，点击“Import”。

5）选择“Plot Setting”，找到 AGCU 软件光盘中的“mt60 SNP plot settings. xmL”，点击“Import”。

（3）数据分析

1）输入样品源数据：从“File”菜单栏中找到“Add Sample to Project”并点击，找到实验者数据收集文件夹中待分析的源数据（fsa 文件），点击“Add To List”后点击“Add”加入分析界面。

2）分析参数选择

A. “Analysis Method”栏选择“mt60 SNP_V1.0”。

B. “Panel”栏选择“mt60 SNP_V1.0_Panels”。

C. “Size Standard”栏选择“Marker SIZ－500”。

D. “Sample”栏中如是 Ladder 的数据，选择“Allelic Ladder”。

3）数据分析：点击分析按钮对源数据进行分析，查看阴性对照是否正常，mt60 Allelic Ladder 和阳性对照分型是否正确，然后才能对样品进行分析。

注意：如果待分析的源数据位于不同的文件夹，必须保证每一个文件夹中有一个“Allelic ladder”文件才能分型。

（三）检测结果

1. MarkerSIZ－500 分子量标准（内标）

Marker SIZ－500 包含 14 条 SIZ 标记的 DNA 片段，长度分别为 75 bp、100 bp、139 bp、150 bp、160 bp、200 bp、250 bp、300 bp、340 bp、350 bp、400 bp、450 bp、490 bp、500 bp（图 10－1）。

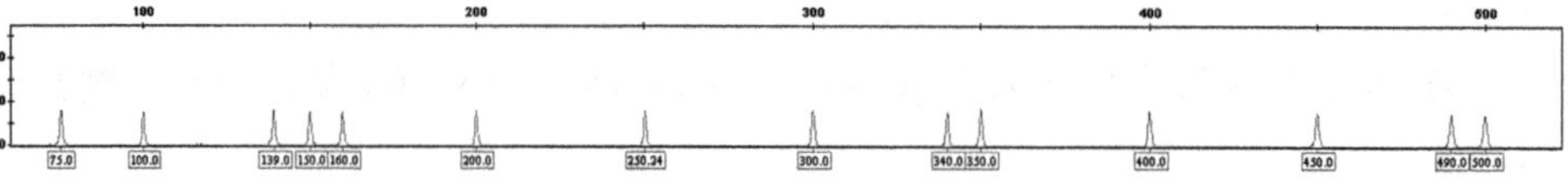

图 10-1 MarkerSIZ-500 分子量标准(内标)图谱

2. mt60 Allelic Ladder 基因分型对照物

见图 10-2。

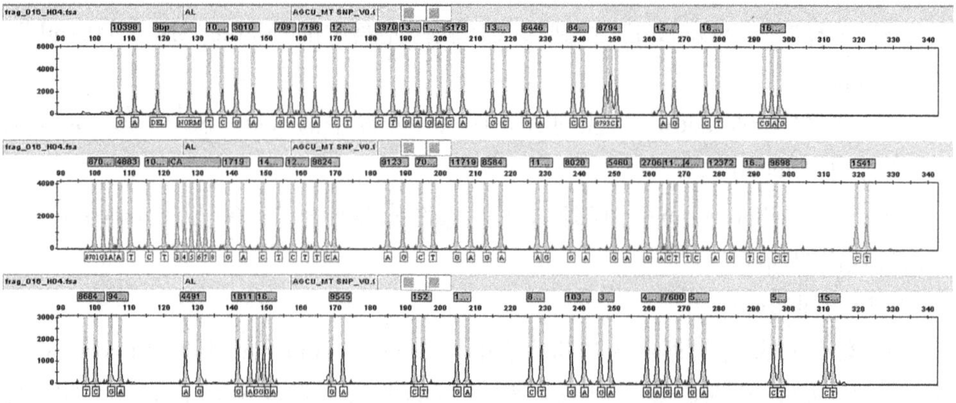

图 10-2 mt60 Allelic Ladder 基因分型对照物图谱

3. 阳性对照

见图 10-3。

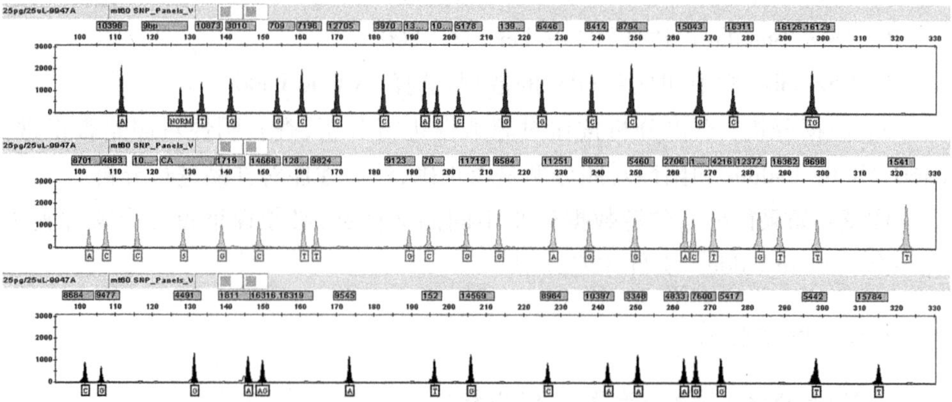

图 10-3 阳性对照 9947A 分型图谱

4. 特殊位点说明

(1) [8697, 8701]位点说明: 它们是邻近的 SNP 位点,若出 8697A 峰,表示

8697点为A碱基,此时8701的A和G必不出峰;反之若8701的A或G出峰,则表示8697点此时为G碱基。

(2)[8793, 8794]位点说明:若出8793C峰,表示8793点为C碱基,此时8794的C和T必不出峰;反之若8794的C或T出峰,则表示8793点此时为T碱基。

(3)[16316, 16319]位点说明:两个高变区位点合并检测,如AG出峰,表示16316为A,16319为G。

(4)[16126, 16129]位点说明:两个高变区位点合并检测,如出CG峰,表示16126为C,16129为G。

(5)9 bp位点说明:8281~8289位置碱基序列为CCCCCTCTA,与前面8272~8280的9个碱基形成重复,有时整体缺失,以其序列重复或缺失分别标记为"NORM"或"DEL"。

(6)CA位点说明:514~523位置碱基序列为CA重复序列,可有3~8个重复。

(7)个别样本个别位点不出峰或峰值和基线接近,则表示此位点引物结合区存在突变,比对时结果不做考虑。

二、线粒体DNA测序方法

线粒体DNA测序需要自己设计、合成引物,并利用商品化的测序试剂盒进行。一般检测线粒体非编码区高变区I(HV I)和高变区II(HV II)的多态性,常用引物为:

1. 高变区I引物一(HV I 15945 - 16511)

F: 5′- CCA AGG ACA AAT CAG AGA AAA - 3′

R: 5′- GTA GGA ACC AGA TGT CGG ATA - 3′

2. 高变区I引物二(HV I 15978 - 16420)

F: 5′- CAC CAT TAG CAC CCA AAG CT - 3′

R: 5′- TGA TTT CAC GGA GGA TGG TG - 3′

3. 高变区II引物一(HV II 00008 - 00429)

F: 5′- GGT CTA TCA CCC TAT TAA CCA C - 3′

R: 5′- CTG TTA AAA GTG CAT ACC GCC A - 3′

4. 高变区II引物二(HV II 00029 - 00389)

F: 5′- CTC ACG GGA GCT CTC CAT GC - 3′

R：5′－CTG GTT AGG CTG GTG TTA GG－3′

（一）试剂

（1）ExoSAP－ITTM PCR Product Cleanup Reagent（Thermo Fisher）。

（2）BigDyeTM Terminator v3.1 Cycle Sequencing Kit（Thermo Fisher）。

（3）DyeEx 2.0 Spin Kit（QIAGEN）。

（二）方法

1. 扩增体系

见表 10－4。

表 10－4　线粒体测序扩增体系配制表

试　剂	剂量(μL)
PCR Reaction Mix	20.0
5 μmol/L Primer(F)	5.0
5 μmol/L Primer(R)	5.0
Taq Polymerase(5 u/μL)	0.7
ddH_2O	17.3
模板 DNA	2.0
总计	50.0

2. 扩增程序

见表 10－5。

表 10－5　线粒体测序扩增程序设置表

95℃变性	30 个循环			72℃延伸	4℃保温
	94℃变性	61℃复性	72℃延伸		
11 min	1 min	1 min	2 min	10 min	∞

3. PCR 扩增产物的纯化

采用 USB® EXOSAP－IT®　PCR Product Cleanup 试剂盒。

取 50 μL PCR 产物，加 2 μL EXOSAP－IT 试剂（可等比例增加），37℃ 30 min，80℃ 15 min。

4. 测序反应

采用 AB 公司 BigDye Terminator Ready Reaction Mix v3.1 试剂盒，扩增体系见表 10－6。

表 10－6　测序反应扩增体系配制表

试　剂	剂量(μL)
BigDye Terminator Ready Reaction Mix v3.1	8.0
0.8 mol/L Primer(F or R)	4.0
ddH_2O	4.0
扩增纯化产物	4.0
总计	20.0

5. 测序反应程序

见表 10－7。

表 10－7　测序反应扩增程序设置表

98℃变性	25 个循环			4℃保温
	96℃变性	50℃复性	60℃延伸	
2 min	30 s	15 s	4 min	∞

6. 测序反应产物的纯化

采用 QIAGEN 公司的 DyeEx 2.0 Spin Kit 试剂盒。

(1) 轻微振“Spin column”柱，使其中的树脂再悬浮。

(2) 松开盖子，折断“Spin column”柱底部的“bottom closure”(注意要折断，不要拧断)，将“Spin column”柱放入收集管，2 700 r/min 离心 3 min。

(3) 小心将“Spin column”柱转移到干净的离心管，缓慢加入 10 μL 测序产物(注意枪头不要触碰管壁，或插入到树脂内)，2 700 r/min 离心 3 min。

(4) 扔掉“Spin column”柱，液体供测序分析用。

7. 测序分析

(1) 5 μL 的测序纯化产物加 5 μL 的 Hi－Di 缓冲液，95℃变性 5 min，－20℃迅速降温待用。

(2) 在 AB3130xl 基因分析仪上，使用 36 cm 毛细管，POP4 胶，1×buffer 缓冲液进行电泳。电泳“model”选用“ultraSeq36_POP4_1”“Result Groμp”选择“SQ”

"Instrument Protocol"选择"Seq36_POP4_BigDye V1.1""Analysis Method"选择"Seq36_POP4_BigDye V1.1"。

8. 结果分析

(1) 在 SeqScan 软件中导入样本到一个新建的项目中,点击"Analyze"进行分析。

(2) 参照安德森参考序列(Anderson reference sequence, ARS)检查变异(见附录四)。

(3) 生成突变/基因型的报告。

(三) 毛干和骨质的测序

由于单根毛干及小块骨质所含 DNA 量有限,为提高检出概率,可以采用二次 PCR 扩增的 Nested - PCR 法,即设计两套引物,引物一碱基序列大于引物二,采用引物一先进行一次 PCR 扩增,再采用引物二进行第二次 PCR 扩增,从而提高模板量。

1. 第一次扩增

见表 10-8、表 10-9。

表 10-8 线粒体测序一次扩增体系配制表

试 剂	剂量(μL)
PCR Reaction Mix	10.0
5 μmol/L Primer(F1)	2.5
5 μmol/L Primer(R1)	2.5
Taq Polymerase(5 u/μL)	0.5
ddH_2O	4.5
模板 DNA	5.0
总计	25.0

表 10-9 线粒体测序一次扩增程序设置表

95℃变性	30 个循环			72℃延伸	4℃保温
	94℃变性	58℃复性	72℃延伸		
3 min	1 min	1 min	1 min	20 min	∞

2. 第二次扩增

见表 10－10、表 10－11。

表 10－10 线粒体测序二次扩增体系配制表

试　剂	剂量(μL)
PCR Reaction Mix	20.0
5 μmol/L Primer(F2)	5.0
5 μmol/L Primer(R2)	5.0
Taq Polymerase(5 u/μL)	0.7
ddH_2O	17.3
模板 DNA	2.0
总计	50.0

表 10－11 线粒体测序二次扩增程序设置表

95℃变性	30 个循环			72℃延伸	4℃保温
	94℃变性	61℃复性	72℃延伸		
11 min	1 min	1 min	2 min	10 min	∞

3. PCR 扩增产物的纯化

采用 USB® EXOSAP－IT® PCR Product Cleanup 试剂盒。

取 50 μL PCR 产物，加 2 μL EXOSAP－IT 试剂(可等比例增加)，37℃ 30 min，80℃ 15 min。

4. 测序反应

采用 AB 公司 BigDye Terminator Ready Reaction Mix v3.1 试剂盒。扩增体系见表 10－12。

表 10－12 测序反应扩增体系配制表

试　剂	剂量(μL)
BigDye Terminator Ready Reaction Mix v3.1	8.0
0.8 mol/L Primer(F 2or R2)	4.0
ddH_2O	4.0
扩增纯化产物	4.0
总计	20.0

5. 测序反应程序

见表 10－13。

表 10－13 测序反应扩增程序设置表

98℃变性	25 个循环			4℃保温
	96℃变性	50℃复性	60℃延伸	
2 min	30 s	15 s	4 min	∞

6. 测序反应产物的纯化

采用 QIAGEN 公司的 DyeEx 2.0 Spin Kit 试剂盒。

（1）轻微振"Spin column"柱，使其中的树脂再悬浮。

（2）松开盖子，折断"Spin column"柱底部的"bottom closure"（注意要折断，不要拧断），将"Spin column"柱放入收集管，2 700 r/min 离心 3 min。

（3）小心将"Spin column"柱转移到干净的离心管，缓慢加入 10 μL 测序产物（注意枪头不要触碰管壁，或插入到树脂内），2 700 r/min 离心 3 min。

（4）扔掉"Spin column"柱，液体供测序分析用。

7. 测序分析

（1）5 μL 的测序纯化产物加 5 μL 的 Hi－Di 缓冲液，95℃变性 5 min，－20℃迅速降温待用。

（2）在 AB3130xl 基因分析仪上，使用 36 cm 毛细管，POP4 胶，1×buffer 缓冲液进行电泳。电泳"model"选用"ultraSeq36_POP4_1""Result Groμp"选择"SQ""Instrument Protocol"选择"Seq36_POP4_BigDye V1.1""Analysis Method"选择"Seq36_POP4_BigDye V1.1"。

8. 结果分析

（1）在 SeqScan 软件中导入样本到一个新建的项目中，点击"Analyze"进行分析。

（2）参照安德森参考序列（Anderson reference sequence，ARS）检查变异。

（3）生成突变/基因型的报告。

（四）测序结果

1. 线粒体测序结果

见图 10－4。

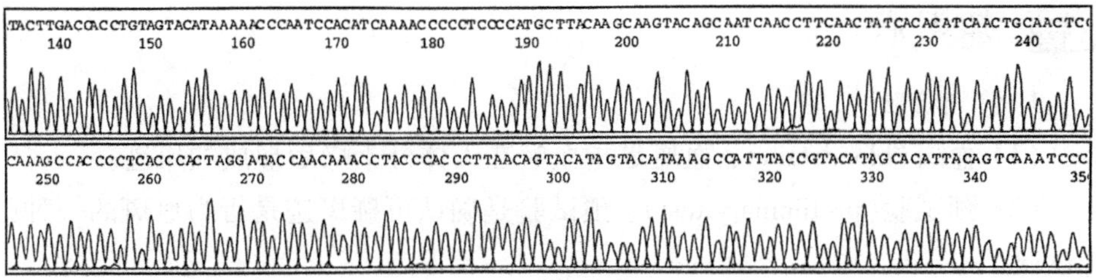

图 10－4 一样本线粒体测序图谱

2. 线粒体测序的说明

（1）线粒体 DNA D－loop 高变区段 1 的碱基序列中，从 16189 到 16193 位置（以轻链为例）包括 5 个 C，1 个 T，4 个 C（CCCCCTCCCC），由于 polyC 的影响，随机终止，无法得到这一区域之后的数据；同时，由于 16189 位置存在 C/T 突变，如果随机终止，这一区域测得的碱基序列结果难以确认。通常需要检测相互匹配的重链碱基序列，以补充完整结果。

（2）线粒体 DNA 测序中，纯化是确保获得满意结果的关键步骤，一定要采用有效的纯化方式在 PCR 产物纯化和测序反应产物纯化中尽可能地剔除干扰物质。

（3）同一个体的不同组织，不同部位的线粒体 DNA 碱基序列，可能因为病理或其他因素的影响，出现差异，应慎出结论。

（4）单倍型杂和体基因型：据调查在同一个体的线粒体 DNA D－loop 区域内，个别碱基存在杂合型，如 A/G，C/T，并且在母子两代的线粒体 DNA D－loop 区域之间有可能产生差异，经常是母亲为纯合型，子女为杂合型或突变为另一种碱基，这可能是由于线粒体 DNA D－loop 区域内碱基突变率比较高的原因，并非是 DNA 模板或 PCR 失败的问题。这些情况比较复杂，在实际鉴定中有可能发生，需要重视，慎出结论。

三、线粒体 DNA 分析结果的应用

由于线粒体 DNA 呈母系遗传特征，只能由母亲传递给子女，故人类线粒体 DNA 检测结果可应用于母系推测，即两份样本所检测结果完全一致时，不排除该两份样本所属个体为同一母系。为了避免潜在突变的影响，任何情况下都不能仅根据一个碱基或一个 SNP 位点的不一致就排除为同一母系。

知识点

1. 前期检验

(1) 血斑(bloodstain):血斑是指血液在人体外干燥后形成的斑迹。

(2) 预试验(preliminary test):预试验是确认可疑斑迹是否为血斑的一种筛选试验。

(3) 联苯胺试验(benzidine test):利用血斑中的血红蛋白或正铁血红素具有的过氧化物酶活性,使过氧化氢释放出新生态氧,将无色联苯胺氧化为联苯胺蓝,是目前最为常用的血斑预试验方法。

(4) 确证试验(conclusive test):确证试验是通过检测检材中是否含有血红蛋白或其衍生物来确认检材是否为血的过程。

(5) 抗人血红蛋白金标试剂条:基本原理是金标记双抗体夹心法。

抗人血红蛋白金标试剂条分为三个区,即加样区、反应区和吸附区。吸附在加样区的金标记单克隆抗人血红蛋白抗体与人血斑浸泡液(含有人血红蛋白)反应后,形成金标记抗原抗体复合物,并向试剂条吸附区扩散。当复合物扩散至反应区时,与吸附于此区的另一单克隆抗人血红蛋白抗体结合(线状),抗原抗体复合物聚集该处,形成紫红色线(阳性反应线)。过剩的复合物继续向吸附区扩散,与反应区吸附的另一抗体(通常是羊抗鼠 IgG)结合,也形成紫红色线条(质控线)。

如果浸泡液不含有人血红蛋白,则加样区就不能形成抗原抗体复合物,扩散至反应区的金标抗人血红蛋白抗体就不能与吸附于此区的另一单克隆抗人血红蛋白抗体结合,也就没有紫红色线状带形成。当它继续向吸附区扩散,可与反应区另一吸附的羊抗鼠 IgG 结合,形成紫红色线条(质控线)。

(6) 抗人 PSA 金标试剂条(prostate specific antigen, PSA):前列腺特异抗原。

基本原理是金标记双抗体夹心法。

抗人 PSA 金标试剂条分为三个区,即加样区、反应区和吸附区。吸附在加样区的金标记单克隆抗人 PSA 抗体与人精斑浸泡液(含有人 PSA)反应后,形成金标记抗原抗体复合物,并向试剂条吸附区扩散。当复合物扩散至反应区时,与吸附于此区的另一单克隆抗人 PSA 抗体结合(线状),抗原抗体复合物聚集该处,形成紫红色线(阳性反应线)。过剩的复合物继续向吸附区扩散,与反应区吸附的另一抗体(通常是羊抗鼠 IgG)结合,也形成紫红色线条(质控线)。

如果浸泡液不含有人 PSA，则加样区就不能形成抗原抗体复合物，扩散至反应区的金标抗人 PSA 抗体就不能与吸附于此区的另一单克隆抗人 PSA 抗体结合，也就没有紫红色线状带形成。当它继续向吸附区扩散，可与反应区另一吸附的羊抗鼠 IgG 结合，形成紫红色线条（质控线）。

2. DNA 提取

（1）人体生物性检材（forensic biological sample）：凡与案（事）件有关，并可进行法庭科学 DNA 分析，从而能为侦查提供线索、为法庭提供证据的生物样品，或含有、承载可进行法庭科学 DNA 分析的生物样品的物品，都称为人体生物性检材（以下简称检材）。一般包括血液（痕）、唾液（斑）、精液（斑）、阴道内容物（斑）、毛发、骨骼、器官、肌肉、分泌物、排泄物等生物样品，以及含有或承载上述生物样品的各种物品，如烟蒂、果核等。

（2）污染（contamination）：指混杂在检材中，干扰法庭科学 DNA 分析的生物物质。

（3）比对样本（reference sample）：指已知来源的，在法庭科学 DNA 分析中用于比对参照的样本，如被害人或嫌疑人的血液样本。

3. DNA 纯化

在 DNA 提取过程中，一些 DNA 内切酶和 *Taq* 聚合酶抑制剂会一起被提取，这些抑制剂会干扰后续检验，需要通过纯化技术将它们从 DNA 溶液中除去。

4. DNA 定量

（1）DNA 定量：从生物性检材提取的样本 DNA 量常受到样品组织种类、检材量和检材保存条件等因素的影响，同时与提取方法有关。法医学 DNA 分析时，DNA 量过高会出现非特异性扩增，DNA 量过低可能导致等位基因扩增不全甚至丢失，为此，需要通过 DNA 定量明确样本的 DNA 量，便于调整 PCR 扩增时加入的 DNA 浓度。

（2）紫外分光光度计法原理：依据核酸在 260 mn 存在吸收峰的原理，在 260 mn 检测时，依据 1OD 值相当于 50 μg/mL 双链 DNA、40 μg/mL 单链 DNA 或 RNA，估算样品 DNA 含量。

（3）荧光定量 PCR（realtime fluorescence quantitative PCR）：通过荧光染料或荧光标记的特异性的探针，对 PCR 产物进行标记跟踪，实时在线监控反应过程，结合相应的软件可以对产物进行分析，计算待测样品模板的初始浓度。

（4）荧光定量 PCR 原理：PCR 扩增时在加入一对引物的同时加入一个特异性的荧光探针，该探针为一寡核苷酸，两端分别标记一个报道荧光基团和一个猝灭荧光基团。探针完整时,报道基团发射的荧光信号被猝灭基团吸收;刚开始时,探针结合在 DNA 任意一条单链上;PCR 扩增时,*Taq* 酶的 5′端→3′端外切酶活性将探针酶切降解,使报道荧光基团和猝灭荧光基团分离,从而荧光监测系统可接收到荧光信号,即每扩增一条 DNA 链,就有一个荧光分子形成,实现了荧光信号的累积与 PCR 产物形成完全同步。或者使用荧光染料 SYBR。SYBR 可以结合到双链 DNA 上面,当体系中的模板被扩增时,SYBR 可以有效结合到新合成的双链上面,随着 PCR 的进行,结合的 SYBR 染料越来越多,被仪器检测到的荧光信号越来越强,从而达到定量的目的。

5. PCR 扩增

(1) 遗传标记(genetic marker):具有多态性的基因座。常用的有常染色体短串联重复序列(STR)、Y 染色体短串联重复序列(Y - STR)、X 染色体短串联重复序列(X - STR)。

(2) 短串联重复序列(short tandem repeat, STR):存在于人类基因组 DNA 中的一类具有长度多态性的 DNA 序列,其核心序列一般由 2~6 个碱基构成,由于核心序列重复次数的不同而存在个体差异。

(3) PCR(polymerase chain reaction):PCR 是聚合酶链反应的英文缩写,是一种在体外模拟自然 DNA 复制过程的核酸扩增技术。它是在引物介导下,进行 DNA 特定区段(称为基因座)的反复复制,在很短的时间内(数小时)就能将该 DNA 区段复制扩增几百万倍,从而大大提高了 DNA 分析的灵敏度,使以往无法进行研究的微量 DNA 分析成为可能。

(4) 引物(primer):是一小段单链 DNA 序列,位于复制区域之前或侧翼,其作用是识别或标定模板 DNA 的复制区域。

(5) PCR 扩增程序:PCR 扩增主要包括变性、退火、延伸三个部分构成。通常变性温度为 95℃ 30 s,退火温度为 55℃ 1 min,延伸温度为 72℃ 1 min,28~30 个循环。

6. 电泳

(1) 电泳(electrophoresis, EP):带电颗粒在电场作用下,向着与其电性相反的电极移动,称为电泳。

(2) 分子量标准(internal lane size standard):也称内标,是一系列已知分子量大小、标记特定荧光的 DNA 片段混合物,用于推算同一泳道内的 DNA 片段分子量大小。

(3) 等位基因分型对照物(allelic ladder):又称等位基因梯度标准,是试剂盒中所有基因座的常见等位基因的混合物，通过等位基因分型标准来定义待检样本的分型。

（4）阳性对照（positive control）：是已知DNA分型结果的基因组DNA，法医DNA分析常用9947A（女性）和9948（男性）DNA对照，是经美国国家标准和技术研究院（NIST）验证、美国联邦调查局（FBI）使用的法医学标准。分离自9947A和9948细胞系的基因组DNA可在不同的应用中作为阳性对照。

7. 结果分析及应用

（1）基因座（locus）：染色体上基因所占的位置或基因组DNA中的一段，称为基因座。

（2）纯合子（homozygote）：指个体在某一基因座上具有相同等位基因，在图谱上显示一个基因峰。

（3）杂合子（heterozygote）：指个体在某一基因座上具有不同等位基因，在图谱上显示两个基因峰。

（4）相对荧光单位（relative fluorescence unit，RFU）：指在给定的阈值之上的荧光信号强度。

（5）噪声（noise）：指由基因分析仪检测到的与被检样本无关的背景信号。

（6）分析阈值（analytical threshold）：指为区分噪声和真实信号而设置的一个衡量基因峰高的阈值，超过此阈值的峰值一般就认为不是噪声。

（7）随机效应（stochastic effects）：指在低模板DNA样本中，随机地、不成比例地扩增等位基因导致等位基因峰不均衡甚至丢失的现象。

（8）分离律（law of segregation）：一个二倍体在生殖细胞形成（减数分裂）时，成对的等位基因彼此分离，一半配子只含有亲代一对基因中的一种，另一半配子含另一种。

（9）自由组合定律（law of independent assortment）：遗传物质在两代之间传递时，由于重组，不同的基因座是相对独立的。

（10）Hardy－Weinberg平衡定律：是指人群中的基因型和等位基因频率按一定比率分布，并且在向子代传递中保持稳定，世代不变。符合该平衡定律的要求是：无限大的群体；随机婚配；没有突变；没有选择；没有迁移；没有遗传漂变（小群体内基因频率随机波动）。

对于新的遗传标记所获得的数据，一般要求采用Hardy－Weinberg平衡定律进行验证。

（11）概率（probability）：又称几率（chance），是指某事件未发生前人们对此事件出现的可能性进行的一种估计。

(12) 等位基因频率(allelic frequency):是指在一个二倍体的某特定基因座上某一个等位基因占该基因座上等位基因总数的比率。

(13) 基因型频率(genotype frequency):是指群体中某特定基因型个体的数量占个体总数的比率。

(14) 个人识别能力(discrimination power, DP):指从群体中随机抽取两名个体,其遗传标记表型不相同的概率。

(15) 匹配概率(probability of matching, Pm):人群中随机抽取两个无关个体在特定基因座两者的基因型纯粹由于机会一致的概率。

(16) 似然率(likelihood, LR):对于同一事件的两个对立假设的概率值进行的比较,两个对立假设分别为原告假设(现场物证中的 DNA 是原告所留)和被告假设(现场物证中的 DNA 是一个无关个体所留)。

(17) 亲权鉴定(parentage testing):亲权鉴定是通过对人类遗传标记的检测,根据遗传规律分析,对个体之间血缘关系的鉴定。

(18) 三联体亲子鉴定(parentage testing of trios):被检测男子、孩子生母与孩子的亲子鉴定或者被检测女子、孩子生父与孩子的亲子鉴定。

(19) 二联体亲子鉴定(parentage testing of duos):被检测男子与孩子的亲子鉴定或被检测女子与孩子的亲子鉴定。

(20) 非父排除概率(probability of exclusion, PE):不是孩子生父的男子能被遗传标记排除的概率。

(21) 亲权指数(Parentage Index, PI):亲权指数是亲权关系鉴定中判断遗传证据强度的指标。

(22) 父权指数(paternity index, PI):亲子关系鉴定中判断遗传证据强度的指标。

(23) 遗传差异(genetic diversity, GD):Y-STR 鉴别能力的指标。GD 值即 Y-STR的个体识别能力 DP 值,也等于其非父排除率(PE)。

8. 线粒体 DNA 分析

(1) 线粒体 DNA(mitochondrial DNA, mtDNA):人类唯一的细胞核外 DNA,呈闭环双链结构,约 16.5 kb;不遵循孟德尔遗传定律,表现为母系遗传,通过卵细胞将其中的遗传信息传递给后代;无有丝分裂和减数分裂的周期变化;遗传物质位于细胞器内,不受核移植的影响;单个细胞中 mtDNA 拷贝数多;存在异质性现象。

(2) 线粒体 DNA 的结构：线粒体 DNA 基因组是裸露的 DNA 双链分子，呈环状结构，大约 16 569 bp，外环为重(H)链，内环为轻(L)链，包括编码区和非编码区。编码区发现有 37 个基因编码产物，包括 13 种蛋白质、2 种核糖 RNA (rRNA)和 22 种转运 RNA(tRNA)。非编码区也叫控制区(control region，CR)，又称 D-环区(D-loop)，大约 1 125 bp。包括一个复制起始点，两个转录起始点和两个高变区，高变区 I(hypervariable region I，HV I)和高变区 II(hypervariable region II，HV II)。

(3) 异质性(heteroplasmy)：当两种或两种以上的 mtDNA 序列存在于同一个细胞、组织或个体时称为异质性，可分为长度异质性和点异质性，常见于以下两种情况：① 个体在同一组织检出不同的 mtDNA 序列；② 个体在不同的组织检出不同的 mtDNA 序列。

(4) 高变区(hypervariable region，HVR)：位于 mtDNA 非编码区的 DNA 区域，突变率可达到单拷贝核基因组的 6~17 倍，且无修复系统、不受选择压力的影响，积累了较多的变异，多态性好。

(5) 线粒体 DNA 的特点

1) 母系遗传，mtDNA 遵循严格的母系遗传方式，只在母亲和子女之间传递；

2) 高拷贝数，一个线粒体包含 2 个至 10 个 mtDNA 分子，一个细胞中平均含有一百到一千个拷贝，远高于核基因组的双拷贝；

3) 突变率高，线粒体的高超氧环境以及 mtDNA 复制时缺少损伤修复系统，导致突变率较高，约为核 DNA 的 5~10 倍，突变是造成个体差异的动力；

4) 不发生重组，mtDNA 位点是作为一个整体遗传的，所以只能视为一个单倍型，在进行个体识别率计算的时候要计算单倍型频率；

5) 呈环状结构，且有线粒体双层膜保护，不易被降解；

6) 异质性，即一个个体中存在的线粒体 DNA 碱基序列不完全相同，以单点异质性多见，罕见两碱基异质性。

(6) 单核苷酸多态性(single nucleotide polymorphisms，SNP)：是指在基因组上单个核苷酸的变异。

温馨提示

1. 前期检验

(1) 联苯胺试验对含有过氧化物酶样作用的物质，如过锰酸钾、硫酸铜、铁锈斑、碘盐及果汁等也会呈阳性反应，故不能仅依据该试验呈阳性反应即认为是血,需进一步做确证试验。法医 DNA 实验室通常只做人血的 DNA 检验,只要确认检材为人血即可,加之确证试验灵敏度一般不高,故通常不做确证试验,直接做种属鉴定。

(2) 人 PSA 金标检验试剂盒是检测前列腺特异抗原的,我们知道精液是由精子和精浆组成,精浆主要是前列腺、精囊腺和尿道球腺等附属腺体分泌的混合液,还包括少量睾丸液、附睾液等。为此,人 PSA 金标检验试剂盒检测阳性并不表明有精子存在,显微镜下确认精子更为可靠。

(3) 金标检验试剂盒应在室温干燥条件下保存,在有效期内使用。如果试剂盒是从保存在 4℃ 冰箱中的,取出后现在室温中放置一段时间后再打开使用。检测时,被检检材的液面要低于试剂条的 MAX 线。同时,被检检材的溶液浓度宜低不宜高,溶液浓度过高容易出现假阴性,万倍稀释度较为适当。

2. DNA 提取

(1) 设备: 以前 DNA 提取过程中常常使用的恒温水浴设备近年来越来越多地被恒温干浴设备取代,但由于导热介质不同,干浴传热效果和均匀度较水浴差,故采用干浴时,宜适当延长时间。

(2) 方法

1) 血液前处理,如果血液较浓,可以反复纯水洗涤数次,至离心管中的样品呈现淡红色或无色。

2) 载体上的血斑前处理时,如果载体容易褪色可能影响检验时(如牛仔布),加纯水置室温 30 min,待细胞破膜后,将载体剔除,再进行 DNA 提取。

3) 指甲垢提取 DNA 时,消化时间不宜太长,尽可能减少指甲 DNA 的获取,避免指甲 DNA 干扰对指甲垢的分析。

(3) 检材

1) 由于聚苯乙烯二乙烯基苯树脂法(Chelex-100 法)是一种由苯乙烯、二乙烯苯共聚体组成的化学螯合树脂,通过螯合多价离子,使 DNA 游离在液体中。为此,直接将聚苯乙烯二乙烯基苯树脂法提取的 DNA 保存在低温冰箱中效果并不佳,随着时间的推移,螯合作用的减弱,多价离子重新回到液体中,会影响 DNA 的检出率。如果需要保存聚苯乙烯二乙烯基苯树脂法提取的 DNA,应高速离心后,分离并保存上清液。

2) 生物物证及载体要及时退还送检单位保管,DNA 实验室不是保管生物物证的最佳场所。一方面,DNA 实验室承担着本地区全部案件的检验任务,空间再大,也会很快被塞满;同时,承担着太多的重大案件,随着时间的推移,人员的调动,实验室的改建等,如果没有良好的管理,很容易造成遗忘、遗失。另一方面,基层送检单位大都已建立起有现代化物证管理系统的物证室,且每个单位涉及的重大案件有限,哪些案件未破最为清楚,有利于相关物证的长期保存。

3. PCR 扩增

（1）为了得到更好的扩增效果,有些试剂盒设计了针对血样的直接 PCR 扩增和提取模板 DNA 的 PCR 扩增两类,因此,不宜将直扩试剂盒直接用于提取模板 DNA 的 PCR 扩增。

（2）扩增条件是生产商在开发试剂盒时,通过大量的实验,选择的最佳组合,不宜为提高扩增效率而随意延长扩增时间,或增加扩增循环数。

（3）由于存在等位基因丢失的可能,而不同试剂盒生产商设计的引物是不同的,故实验室应准备两种不同生产商生产的常染色体 STR 试剂盒,当考虑有等位基因丢失可能时,更换试剂盒重新检测。

（4）使用合适的 DNA 模板量是得到理想 STR 分型的前提,目前通用的 STR 试剂盒在 25 μL 标准扩增体系时合适的 DNA 模板量为 1 ng 左右。

4. 电泳

（1）变性是确保扩增产物以单链的形式进行电泳分析,不进行变性直接进行电泳,可能因产生二级结构导致分型结果的错误。

（2）注意控制电泳区域的温度,如果温度变化过大,可导致基因分析仪和毛细管本身的温度发生变化,导致电泳胶的黏稠度发生变化,改变电泳过程中的电阻率,继而影响 DNA 分子的迁移率,出现 OL 峰。

（3）每一次电泳,除被检样品外,应有一个阳性对照和一个阴性对照,阳性对照确认分型结果是否正确,阴性对照确认有无干扰峰;每一个 RUN 应有一个 ladder,自动分析时不易出现 OL 峰。

（4）采用直扩的 PCR 产物中存在着一些对毛细管有损害的物质,会缩短毛细管的使用寿命。

5. 结果分析及应用

（1）Stutter 峰在混合分型图谱中,因叠加效应,可能大于 15%而被误判为真实信号;而主峰正向真实信号因小于 15%,可能误判为 Stutter 峰。

（2）为规避风险,实验室应该对分型结果的应用有明确规定,对于为侦查提供线索的结果可以从宽,对于出具鉴定文书的结果一定从严。

6. 线粒体 DNA 分析

由于线粒体 DNA 检测灵敏度高,特别是采用二次 PCR 扩增——Nested 巢式 PCR 法,更容易污染。因此,实验室应该设置线粒体 DNA 检测专用区域,每个案件的物证单独检测,务必做好阴性和阳性对照。

我的心得

实验室建设篇

无论是新建实验室，还是扩建、改建实验室，我们都会碰到这些问题：怎样的法医DNA实验室才是完全符合要求的？怎样的法医DNA实验室才是先进的？怎样的法医DNA实验室至少不落后？

没有一个标准答案！

| 第十一章 |

法医 DNA 实验室结构建设

一、法医 DNA 实验室分区

法医 DNA 实验室主要包括功能区和辅助区。

功能区应该包括生物物证初检区（也称前处理区）、DNA 提取区、PCR 扩增区、电泳分析区四大区域，根据业务需求，DNA 提取区可包括常规生物物证提取区、微量生物物证提取区、人员样本提取区，PCR 扩增区可分为 PCR 试剂分装区（也称 PCR 前区）、生物物证 PCR 扩增区、人员样本 PCR 扩增区。

辅助区可以包括受理区、更衣区、准备区（也称试剂配制区）、耗材存放区、检材保管区、数据库工作区等。

如果实验室是全封闭的洁净模式，DNA 提取区、PCR 扩增区、电泳分析区、准备区（也称试剂配制区）、耗材存放区应放置在洁净区内，其余的区域放置在洁净区外。

（一）刑事技术机构

公安部于 2017 年制定并执行的《公安机关 DNA 实验室等级评定办法》将能够满足开展业务的 DNA 实验室分为三个等级，并具体规定了面积要求和分区要求。

1. 三级 DNA 实验室

实验室面积不小于 300 m^2，其中实验用房面积不少于 200 m^2，各区间面积不小于 15 m^2。

具备受理区、检材预处理区、常量生物检材 DNA 提取区、微量生物检材 DNA 提取区、人员样本 DNA 提取区、扩增加样区、扩增区、检测区、DNA 数据库工作区、试剂配制区、生物检材和样本保管区、办公区。

2. 二级 DNA 实验室

实验室面积不小于 600 m^2,其中实验用房面积不少于 300 m^2。

除三级 DNA 实验室需具有的区间外,具有特殊生物检材、微量生物检材、常量生物检材、人员对照样本、数据库样本分别进行 DNA 检验和 DNA 数据库管理应用专门区域,区间具有缓冲区域,具备现场勘查装备室、更衣室、多媒体室、资料室。

3. 一级 DNA 实验室

实验室面积不小于 1 500 m^2,其中实验用房面积不少于 1 000 m^2。

除三级、二级 DNA 实验室需具有的区间外,具有独立于鉴定区域的新技术和新设备应用、科学研究、现场勘查装备应用的专门区域。

(二) 司法鉴定机构

1. 必配区域

采样室、样本储存室(柜)、预检室、DNA 提取室、PCR 扩增室、PCR 产物分析室。

2. 选配区域

灭菌室、试剂配制区。

(三) 认可要求(司法鉴定/法庭科学机构认可仪器配置要求 CNAS-AL14:2013)

采样室、样本储存室(柜)、预检室、DNA 提取室(常规)、DNA 提取室(微量,从事个体识别的实验室必须配备)、PCR 扩增室、PCR 产物分析室。

二、法医 DNA 实验室环境要求

(一) 开放式 DNA 实验室

开放式 DNA 实验室主要是由办公楼改建而成,两面开窗,中间走廊。

对于这样结构的 DNA 实验室,确保每次检验后的紫外灯照射加开窗通风,是环境控制的关键点。

另外,拒绝中央空调至关重要,每个区域配置空调和强排风扇就能满足环境要求。

（二）封闭式 DNA 实验室

封闭式 DNA 实验室已成为法医 DNA 实验室的主流，本部分内容仅给出封闭式 DNA 实验室的建设要求。

1. 层高

实验室的层高主要取决于实验室的类型。封闭式法医 DNA 实验室由于空调系统管道、通风柜管道等所占用的空间，一般建议采用 4 m 层高。因为出于节约能源的考虑，以及采用人工照明等，洁净实验室本身的净高比一般实验室的净高要低，一般净高为 2.6 m 左右，这样，空调系统管道层就有 1.5 m 左右的高度。当空调系统需要检修时，就不需要进入实验室打开顶板进入空调系统管道层，从而减少外源性污染的可能。

2. 装修要求

（1）地面：地面应采用无缝的防滑耐腐蚀地面，目前常采用的是环氧树脂自流坪地面，地坪与墙体进行圆弧形连接，保证地面容易清洁，不留死角。

（2）墙面：常采用成品石膏板复合中空彩钢板，可自由拆卸，中空部分可用于安装各种线管，以保证墙面清洁、美观、不起尘。实验区内的所有墙与顶、地、窗对接角均采用圆弧角工艺安装，室内无死角。

（3）顶板：常采用由彩钢板、石膏板、防火纸蜂窝板、MDF（密度）板复合而成的吊顶系统，强度好，其隐藏式的内部格栅结构使吊顶安全平整，可上人。设备、管线的维护保养可直接在顶板上完成，不影响实验室的正常工作。

（4）室内高效过滤器：过滤器安装在顶板上，过滤效率可达 99.99%。空气经过滤后送入洁净室内，确保室内清洁。

（5）回风墙板：在对双面中空墙体进行特殊处理后可直接用于回风，既减少了风管的使用量，又保证了房间的美观，增加了室内的有效使用面积。

（6）洁净灯具：洁净灯具嵌入后与顶板成为一个整体。

（7）气密性洁净门：门框、门扇钢制，门框上装有密封条，门扇的下部装有自动升降的压条，从而保证了门的气密性，在洁净区与非洁净区间进行有效隔离。

（8）洁净视窗：洁净视窗采用双层玻璃，厚度同墙体，保证墙面光滑平整不易积灰，隔音效果好。

（9）风淋室：经过滤器过滤的洁净空气在高压风机的作用下在风淋室的内侧成为高速气流，高速气流和负压共同作用，将人体上的灰尘吸走。

（10）其他：根据专业工作要求，配备传递窗、超净工作台、实验台、紫外灯、电话网络接口等。实验室的设计应充分考虑物证检材保管柜、实验工作台、超净工作台、通风橱、清洗消毒装置、紧急喷淋装置等设备的尺寸和要求,必要时应留有足够的搬运孔洞,以及设置局部隔离、防震、排热、排湿设施。

3. 环境要求

(1) 净化系统

1) 洁净度:万级至十万级。

2) 换气次数:15~25 次。

3) 温度:20~25℃。

4) 湿度:30%RH~70%RH。

5) 压差:负压间≤-5 Pa,正压间≥+5 Pa。

(2) 通风要求:实验区各主要功能间应采用非单向流、三级过滤、各自独立的送、回风净化系统,室内空调全部使用悬挂风管式空调,通过新风、送风、回风、排风管道、风阀等连接悬挂式中效净化加压风机箱,避免集中送回风后再循环可能造成的空气交叉污染,同时亦可独立控制,避免室内冷热量大量流失和洁净度无法保证的技术问题,从而提高制热/制冷效果,降低运行能耗;主要功能间内或其配套的缓冲间均加装排风装置,以防止室内污染空气外漏他屋而造成的交叉污染,达到置换室内空气的目的。

高效送风口为顶送风,侧下回/排风(竖井、夹道、缓冲间)方式。

案件受理区、检材预处理区的实验台上应设万向抽气罩。

(3) 气流压力要求

1) PCR 前处理区可为正压间,在超净台内操作,须防止其他功能间对本操作间的污染;室内温度可控,洁净度为万级。

2) DNA 提取区可为正压间,设置排风系统,以防止核酸提取时可能产生的有害挥发物质对人员的侵害和对其他程序功能间的扩散污染;室内温度可控,洁净度为十万级。

3) PCR 扩增区可为负压间,设置排风系统,以防止大量扩增产物对其他功能间的扩散污染;室内温度可控,为保证 DNA 扩增设备在良好环境内使用,洁净度为十万级。

4) 检测区可为负压间,设置排风系统,以防止扩增产物在电泳测序过程中的扩散污染;室内温度可控,为保证 DNA 测序设备在良好环境内使用,洁净度为十万级。

5) 实验室内设置缓冲走廊,避免各功能间的交叉污染。

6）检材保管区，室内温度、湿度可控。

（三）辅助设施

1. 给水

（1）实验区的给水干管应铺设在技术夹层内，给水管道系统应不渗漏、耐压、耐温、耐腐蚀。实验室内应有足够的清洁、维护和维修明露管道的空间。

（2）实验区的水龙头材质为铸铜，表面喷塑，应耐腐蚀。

（3）案件受理区、检材预处理区、DNA 提取区、检测区、试剂储存配制区应设洗手装置，并宜设置在靠近各功能区的出口处。

（4）DNA 提取区应在 30 m 内设紧急冲眼装置，必要时应设紧急淋浴装置。

2. 排水

（1）实验区的排水干管应铺设在技术夹层内，排水管道系统应不渗漏、耐压、耐温、耐腐蚀。

（2）实验区的排水槽应采用下嵌式安装，不渗漏、耐压、耐温、耐腐蚀。

（3）实验区的排水应有防回流设计。

（4）DNA 提取区的紧急冲眼装置、紧急淋浴装置等有排水功能要求的地面设置地漏，其他地方不宜设地漏。

3. 电气

（1）配电

1）电力供应应满足实验室的所有用电要求，并应有冗余。

2）实验区应配备不间断备用电源，电力供应至少维持 30 min。

3）应设专用配电箱。

（2）照明

1）实验室宜采用吸顶式防水洁净照明灯。

2）应设不少于 30 min 的应急照明系统。

（3）自动控制

1）进入实验室的门应有门禁系统，应保证只有获得授权的人员才能进入实验室。

2）实验室各功能区应具有压力梯度、温湿度、连锁控制、报警等参数的历史数据存储显示功能。

3）应在 PCR 扩增区和检测区等有负压控制要求的房间入口的显著位置，安装显示房间负压状况的压力显示装置。

| 第十二章 |

法医 DNA 实验室仪器设备配置

涉及法医 DNA 实验室仪器设备配置要求的文件规定主要有《司法鉴定/法庭科学机构认可仪器配置要求》(CNAS - AL14：2013)、《司法鉴定机构仪器设备配置标准》(司发通[2011]323 号)、公安部公安装备编配体系等。

一、根据区域进行配置

法医 DNA 实验室的仪器设备应该依据区域来配置，各区域的仪器设备不得混用。

(一) 受理区(含采样区)

(1) 相机/成像系统：用于送检检材/被采样人员照相固定。
(2) 采血针、采血卡/滤纸/纱布：用于采集、制成血样。
(3) 计算机、打印机等。

(二) 初检区

(1) 联苯胺试验试剂(联苯胺无水乙醇饱和液、3%过氧化氢溶液、冰醋酸)：用于怀疑是血迹的检材的预实验。进行现场物证检验的实验室需要配置。

(2) 人血红蛋白金标检验试剂盒：用于怀疑是人血的检材的确证试验。进行现场物证检验的实验室需要配置。

(3) 精子染色试剂(酸性品红液、靛蓝胭脂红液、1%盐酸、无水乙醇、生理盐水)和显微镜：用于怀疑有精子的检材的确证检验。进行现场物证检验的实验室需要配置。

(4) 电吹风：用于玻片染色烘干。进行现场物证检验的实验室需要配置。

（5）人 PSA 金标检验试剂盒：用于怀疑是精液的检材的确证试验。进行现场物证检验的实验室需要配置。

（6）脱落细胞粘取器：用于如衣领等局部区域脱落细胞的获取。进行现场物证检验的实验室需要配置。

（7）脱落细胞提取仪：用于如衣服等较大范围脱落细胞的获取。进行现场物证检验的实验室需要配置。

（8）高效现场法医 DNA 物证采集仪（SEC100）：用于表面粗糙且有渗透性的载体上脱落细胞的获取。进行现场物证检验的实验室可以配置。

（9）骨骼研磨仪：用于骨骼的前处理。进行现场物证检验的实验室需要配置。

（10）毛发压碎机：用于毛发的前处理。进行现场物证检验的实验室需要配置。

（11）多波段光源：用于潜在生物物证发现。进行现场物证检验的实验室可以配置。

（12）烘箱：用于玻片染色烘干，剪刀、镊子清洗后烘干。进行现场物证检验的实验室需要配置。

（13）冰箱：用于试剂存放，检材暂存。

（14）离心机：液体检材收集、制作样本。

（15）剪刀、镊子、刀片。

（三）DNA 提取区

（1）水浴/干浴：用于孵育或变性。

（2）小型提取工作站：适用于疑难检材 DNA 提取和纯化。进行现场物证检验的实验室可配置。

（3）大型提取工作站：适用于批量检材的 DNA 提取。检验量大的实验室需要配置。

（4）精子染色试剂（酸性品红液、靛蓝胭脂红液、1%盐酸、无水乙醇、生理盐水）和显微镜：用于混合斑两步消化过程中，查看精子用。进行现场物证检验的实验室需要配置。

（5）电吹风：用于玻片染色烘干。进行现场物证检验的实验室需要配置。

（6）冰箱：用于试剂存放，DNA 样本暂存。

（7）DNA 提取试剂。

(8) 离心机、振荡仪。

(四) 试剂分装区

(1) 超净工作台：用于试剂分装。
(2) 小型离心机：用于离心管挂壁试剂、样本甩底。
(3) 振荡仪：用于试管中试剂混匀。
(4) 分装工作站：适用于批量检材检验。检验量大的实验室需要配置。
(5) 冰箱：用于试剂存放。
(6) DNA 提取试剂。

(五) 扩增区

(1) 超净工作台：用于 PCR 扩增体系中加入 DNA 样本。
(2) 小型离心机：用于离心管挂壁试剂、样本甩底。
(3) 离心机：用于 DNA 样本加样前离心，确保 DNA 存在于上清液中。
(4) 板式离心机：适用于批量检材检验。检验量大的实验室需要配置。
(5) 分装工作站：适用于批量检材检验。检验量大的实验室需要配置。
(6) 定量 PCR 仪：用于 DNA 样本的定量。有科研任务的实验室应该配置。
(7) 冰箱：用于试剂存放，中间产物暂存。
(8) PCR 扩增仪。
(9) 检测试剂盒。

(六) 电泳分析区

(1) 小型离心机：用于离心管挂壁试剂、样本甩底。
(2) 板式离心机：用于上样前 96 孔板离心。
(3) 分装工作站：适用于批量检材检验。检验量大的实验室需要配置。
(4) 干浴：用于上样前变性。
(5) 冰箱：用于试剂存放，中间产物暂存。
(6) 基因分析仪。
(7) 电泳试剂盒

(七) 准备区

(1) 纯水系统：试剂配制用水制作。

（2）消毒炉：一次性消耗品消毒
（3）低温冰箱：存放试剂。
（4）烘箱：消毒后消耗品烘干。
（5）超声波清洗炉：用于非一次性配件的清洗。
（6）电子天平。
（7）pH 计。
（8）带烘干洗衣机：用于实验区域内工作衣的清洗。

二、刑事技术机构配置要求

（一）省级

1. 物证提取箱　1 个/人，必配。
2. 物证保管箱　≥2 个/人，必配。
3. 台式生物物证发现仪　1~2 台，必配。
4. 手持式生物物证发现仪　2~3 台，必配。
5. 砸牙器　3~5 个，必配。
6. 光学显微镜　1~2 台，必配。
7. 分析天平　1 台，必配。
8. 电子天平　1~2 台，必配。
9. 摇床　1 台，必配。
10. 涡旋振荡仪　5 台，必配。
11. 磁力搅拌器　1 个，必配。
12. 恒温混匀仪　5 台，温控范围 0~100℃，必配。
13. 电热干燥箱　1 台，必配。
14. 普通冰箱　5~10 台，必配。
15. 冷库　1 个，选配。
16. 纯水仪　2 台，配初级过滤装置，必配。
17. 高速台式离心机(13 000 r/min)　3~5 台，必配。
18. 小型台式离心机　3~6 个，必配。
19. 板式离心机　1~2 台，用于离心 96 孔板，必配。
20. 台式放大镜　2~4 台，带照明灯，用于查找微量生物物证，必配。

21. 万向排气罩　3～6 台，用于抽走生物物证气味和电泳室的气溶胶，选配。

22. 微量检材吸取仪　2～3 台，必配。

23. 骨粉钻　2 个，必配。

24. 冷冻骨研磨机　1 台，配液氮罐，必配。

25. 通风橱　≥2 个，必配。

26. 生物安全柜　≥2 个，必配。

27. 超净工作台　≥2 个，必配。

28. 微量移液器　≥10 套，每套包括 10 μL、100 μL、200 μL、1 000 μL 各 1 支，必配。

29. 连续移液器　6～10 支，必配。

30. 8 道或 12 道微量移液器　3～5 套，必配。

31. 检材自动分样设备　2 台，用于 DNA 提取前各类检材分别放入离心管或深孔板的操作，必配。

32. 扩增仪　≥10 台，必配。

33. DNA 定量分析仪　1 台，必配。

34. DNA 测序仪　4～6 台，必配。

35. 高温高压灭菌锅　1 个，必配。

36. 器械消毒柜　1～2 台，必配。

37. 紫外线灭菌设备　3～5 个，必配。

38. 微波炉　1 台，必配。

39. 数码相机　3～5 台，必配。

40. 条码打印机　3 台，必配。

41. 洗衣机　1 台，必配。

42. 实验室管理系统（LIMS）　1 套，包括硬件（服务器及 UPS）及软件，必配。

43. 单细胞捕获设备　1 台，选配。

44. 新一代高通量测序仪　1 台，选配。

45. DNA 快速检测设备　1 台，选配。

46. 恒温水浴箱　2 台，选配。

47. 零下 80℃超低温冰箱　1～2 台，必配。

48. 零下 40℃超低温冰箱　2～4 台，选配。

49. 高速台式冷冻离心机(13 000 r/min) 2~3 台,选配。
50. 自动打孔仪 1 台,选配。
51. 手动打孔器 3 支,选配。
52. 封膜机 1~2 台,选配。
53. DNA 自动化提取设备 3~4 台,必配。
54. 实验室空气洁净设备 1~3 套,选配。
55. 制冰机 1 台,选配。
56. 试剂耗材 1 批,必配。
57. pH 计 1 台,选配。
58. 抽湿机 3 台,选配。
59. 数字 PCR 仪 1 台,选配。

(二) 市级

1. 物证提取箱 1 个/人,必配。
2. 物证保管箱 ≥2 个/人,必配。
3. 台式生物物证发现仪 1 台,用于发现人体体液斑迹,必配。
4. 手持式生物物证发现仪 2 台,用于发现人体体液斑迹,必配。
5. 砸牙器 2~5 个,必配。
6. 光学显微镜 1 台,必配。
7. 分析天平 1 台,必配。
8. 电子天平 1 台,必配。
9. 摇床 1 台,必配。
10. 涡旋振荡仪 3~5 台,必配。
11. 磁力搅拌器 1 个,必配。
12. 恒温混匀仪 3~5 台,温控范围 0~100℃,必配。
13. 电热干燥箱 1 台,必配。
14. 普通冰箱 3~5 台,必配。
15. 冷库 1 个,选配。
16. 纯水仪 1~2 台,配初级过滤装置,必配。
17. 高速台式离心机(13 000 r/min) 2~3 台,必配。
18. 小型台式离心机 2~3 个,必配。
19. 板式离心机 1 台,用于离心 96 孔板,必配。

20. 台式放大镜 1~2 台,带照明灯,用于查找微量生物物证,必配。

21. 万向排气罩 1~3 台,用于抽走生物物证气味和电泳室的气溶胶,选配。

22. 微量检材吸取仪 1~2 台,必配。

23. 骨粉钻 1~2 个,必配。

24. 冷冻骨研磨机 1 台,配液氮罐,必配。

25. 通风橱 1~2 个,必配。

26. 生物安全柜 1~2 个,必配。

27. 超净工作台 1~2 个,必配。

28. 微量移液器 6~10 套,每套包括 10 μL、100 μL、200 μL、1 000 μL 各 1 支,必配。

29. 连续移液器 2~6 支,必配。

30. 8 道或 12 道微量移液器 2~3 套,必配。

31. 检材自动分样设备 1~2 台,用于 DNA 提取前各类检材分别放入离心管或深孔板的操作,必配。

32. 扩增仪 3~10 台,必配。

33. DNA 定量分析仪 1 台,必配。

34. DNA 测序仪 2~4 台,必配。

35. 高温高压灭菌锅 1 个,必配。

36. 器械消毒柜 1 台,必配。

37. 紫外线灭菌设备 1~3 个,必配。

38. 微波炉 1 台,必配。

39. 数码相机 1~3 台,必配。

40. 条码打印机 1~3 台,必配。

41. 洗衣机 1 台,必配。

42. 实验室管理系统(LIMS) 1 套,包括硬件(服务器及 UPS)及软件,必配。

43. 单细胞捕获设备 1 台,选配。

44. 新一代高通量测序仪 0~1 台,选配。

45. DNA 快速检测设备 1 台,选配。

46. 恒温水浴箱 1 台,选配。

47. 零下 80℃超低温冰箱 1 台,必配。

48. 零下 40℃超低温冰箱　2 台,必配。
49. 高速台式冷冻离心机(13 000 r/min)　1~2 台,选配。
50. 自动打孔仪　1 台,选配。
51. 手动打孔器　2~3 支,必配。
52. 封膜机　1 台,选配。
53. DNA 自动化提取设备　1~3 台,必配。
54. 实验室空气洁净设备　1 套,选配。
55. 制冰机　1 台,选配。
56. 试剂耗材　1 批,必配。
57. pH 计　1 台,选配。
58. 抽湿机　3 台,选配。

（三）县级

1. 物证提取箱　1 个/人,必配。
2. 物证保管箱　≥2 个/人,必配。
3. 台式生物物证发现仪　1 台,用于发现人体体液斑迹,必配。
4. 手持式生物物证发现仪　2 台,用于发现人体体液斑迹,必配。
5. 砸牙器　2 个,选配。
6. 光学显微镜　1 台,必配。
7. 分析天平　1 台,必配。
8. 电子天平　1 台,必配。
9. 摇床　1 台,必配。
10. 涡旋振荡仪　≥3 台,必配。
11. 磁力搅拌器　1 个,必配。
12. 恒温混匀仪　≥3 台,温控范围 0~100℃,必配。
13. 电热干燥箱　1 台,必配。
14. 普通冰箱　≥3 台,必配。
15. 冷库　1 个,选配。
16. 纯水仪　1 台,配初级过滤装置,必配。
17. 高速台式离心机(13 000 r/min)　≥2 台,必配。
18. 小型台式离心机　≥2 个,必配。
19. 板式离心机　1 台,用于离心 96 孔板,必配。

20. 台式放大镜 1 台,带照明灯,用于查找微量生物物证,必配。

21. 万向排气罩 1 台,用于抽走生物物证气味和电泳室的气溶胶,选配。

22. 微量检材吸取仪 1 台,必配。

23. 骨粉钻 1 个,必配。

24. 冷冻骨研磨机 1 台,配液氮罐,选配。

25. 通风橱 ≥1 个,必配。

26. 生物安全柜 ≥1 个,必配。

27. 超净工作台 ≥1 个,必配。

28. 微量移液器 ≥6 套,每套包括 10 μL、100 μL、200 μL、1 000 μL 各 1 支,必配。

29. 连续移液器 ≥2 支,必配。

30. 8 道或 12 道微量移液器 ≥2 套,必配。

31. 检材自动分样设备 1 台,用于 DNA 提取前各类检材分别放入离心管或深孔板的操作,必配。

32. 扩增仪 ≥3 台,必配。

33. DNA 定量分析仪 1 台,必配。

34. DNA 测序仪 ≥2 台,必配。

35. 高温高压灭菌锅 1 个,必配。

36. 器械消毒柜 1 台,必配。

37. 紫外线灭菌设备 1 个,必配。

38. 微波炉 1 台,必配。

39. 数码相机 1 台,必配。

40. 条码打印机 1 台,必配。

41. 洗衣机 1 台,必配。

42. 实验室管理系统(LIMS) 1 套,包括硬件(服务器及 UPS)及软件,必配。

43. 单细胞捕获设备 1 台,选配。

44. DNA 快速检测设备 1 台,选配。

45. 恒温水浴箱 1 台,选配。

46. 零下 80℃超低温冰箱 1 台,必配。

47. 零下 40℃超低温冰箱 2 台,必配。

48. 高速台式冷冻离心机(13 000 r/min) 1 台,选配。

49. 自动打孔仪 1台,选配。
50. 手动打孔器 ≥2支,必配。
51. 封膜机 1~2台,选配。
52. DNA自动化提取设备 ≥1台,必配。
53. 实验室空气洁净设备 1套,选配。
54. 制冰机 1台,必配。
55. 试剂耗材 1批,必配。
56. pH计 1台,必配。
57. 抽湿机 3台,必配。

三、司法鉴定机构配置要求(司法鉴定/法庭科学机构认可仪器配置要求基本相同)

(一)基本设备

1. 移液器 必配,不同区域必须分别配备移液器。
2. 离心机(1 000~10 000 r/min) 必配。
3. 离心机(10 000 r/min以上) 必配。
4. 纯水仪 必配。
5. 振荡器 必配。
6. 恒温器 必配。
7. 灭菌设备 必配。
8. 冰箱 必配。
9. 紫外灯 必配。
10. 超净工作台 必配。
11. 分析天平(1 mg) 必配。
12. PCR扩增仪 必配。
13. 遗传分析仪 必配。
14. 生物安全柜 选配。从事个体识别的实验室必配。
15. 骨、牙DNA提取工具 选配。
16. 冷冻研磨机 选配。
17. 生物显微镜 选配。

18. 烘箱　选配。

19. 实时定量PCR仪　选配。

20. 核酸蛋白测定仪　选配。

（二）个体识别相关试剂

1. 人血(痕)预实验、确证试验、种属试验试剂　必配。

2. 人精斑(混合斑)预实验、确证试验、种属试验试剂　必配。

3. 常染色体STR检测试剂盒　必配。累积个体识别能力应大于0.999 999 999。必须配置2家公司的常染色体STR检测试剂盒(出现可疑结果,排除试剂原因)。

4. Y染色体STR检测试剂盒　选配。精斑(混合斑)检材为必配。

5. 线粒体测序试剂盒　选配。骨检材为必配。

6. X染色体STR检测试剂盒　选配。

7. DNA定量试剂盒　选配。

（三）亲权鉴定相关试剂

1. 常染色体STR检测试剂盒　必配。累积非父排除率应大于0.999 9。必须配置2家公司的常染色体STR检测试剂盒(出现可疑结果,排除试剂原因)。

2. Y染色体STR检测试剂盒　选配。

3. X染色体STR检测试剂盒　选配。

4. DNA定量试剂盒　选配。

（四）亲权鉴定(二联体)相关试剂

1. 常染色体STR检测试剂盒　必配。累积非父排除率应大于0.999 9。必须配置2家公司的常染色体STR检测试剂盒(出现可疑结果,排除试剂原因)。

2. Y染色体STR检测试剂盒　必配。

3. X染色体STR检测试剂盒　必配。

4. DNA定量试剂盒　选配。

第十三章

法医 DNA 实验室防污染措施

来自生物检材自身及扩增产物的污染往往会影响检验鉴定结果的准确性，为此，法医 DNA 实验室应该采取必要的措施防止生物检材自身及扩增产物的污染。

现在，我们对法医 DNA 实验室采取了一些措施，如对法医 DNA 实验室进行分区，是为了阻断污染空气在不同区域间流动，降低产生污染的风险；如要求从提取区域到扩增区域到电泳区域实行单向流动，是为了减少因逆向流动而增加污染的机会；如设置缓冲区/缓冲走廊，是为了减少检验人员无谓地反复进入与现时检验无关的区域而增加污染的概率；如设置人物分离两条检测通道，是为了杜绝人员比对样本和现场物证在实验室内发生交叉而产生污染的风险；如要求每次检验后开启紫外灯，是为了降解游离在空间、桌面的 DNA，减少区域内的污染，等等。这些都是有意义的，我们不要轻易打破这些规矩。

一、更衣

检验人员进实验区应该更换衣服、鞋子。

一般，法医 DNA 实验室都会配置白大衣作为工作着装。由于 DNA 检验从检材到模板 DNA 到 PCR 扩增产物到电泳分析，存在诸多污染风险，显然，检验人员穿着一件白大衣完成全过程工作是不合适的。所以，越来越多的法医 DNA 实验室开始配置两件白大衣，分别作为检材初检、前处理着装和 DNA 检验过程着装。

由于还是会有检验人员因为遗忘或是偷懒，穿着一件白大衣完成全过程工作，为此，更多的法医 DNA 实验室采用两种颜色来区分检材初检、前处理着装和 DNA 检验过程着装，有效地防止遗忘或偷懒，从而降低因工作着装的黏附携带而导致污染的风险。

二、风淋室

风淋室是进入洁净区域所必需的通道,可以减少进出洁净区域所带来的污染问题。

风淋室是一种通用性较强的局部净化设备,安装于洁净区与非洁净区之间。当检验人员要进入洁净区时需经风淋室吹淋,其吹出的洁净空气可去除检验人员身上附着的检材屑、头皮屑、毛发等,能有效地阻断或减少污染源进入洁净区。风淋室的前后两道门为电子互锁,又可起到气闸的作用,阻止未净化的空气进入洁净区域。

新建或新改建的法医 DNA 实验室一般都会设置风淋室,更多的实验室将风淋室设置在进出实验区之处。实验区包括了 DNA 提取、PCR 扩增、电泳等区域,显然 PCR 扩增区才是防污染的重中之重。为此,将风淋室设置在进出 PCR 扩增区之处更为合理。

三、传递窗

传递窗是一种洁净室的辅助设备,主要用于洁净区与洁净区之间、洁净区与非洁净区之间小件物品的传递,以减少洁净室的开门次数,把对洁净室的污染降低到最低程度。

与生物实验室不同,法医 DNA 实验室设置传递窗,主要是考虑检验人员携带检材样本进出方便与否,是否会导致检材样本的跌落混淆等。为此,一般在检材受理初检区与实验区之间设置传递窗,供检材样本进入实验区,方便检验人员进入实验区前的更衣;如果实验区内设置有风淋室的,在风淋室内外区域间设置传递窗,供样本、消耗品进入,方便检验人员操作风淋门进入。

由于法医 DNA 实验室各区域严密隔断是防止污染的关键点,故设置传递窗时,一定要采用设有电子或机械连锁装置,并配置紫外线杀菌灯的传递窗。

四、超净工作台

超净工作台是将空气经预过滤器初滤,由小型离心风机压入静压箱,再经空气高效过滤器二级过滤,从空气高效过滤器出风面吹出的洁净气流具有一定的和均匀的断面风速,可以排除工作区原来的空气,将尘埃颗粒和生物颗粒带走,以形成无菌的高洁净的工作环境。

简而言之,超净工作台是往外吹风,确保工作区无菌、无污染的环境,这与法医 DNA 检验的防污染要求高度契合。为此,法医 DNA 实验室应该在将可能发生污染的关键操作放入超净工作台中进行,如试剂的配制、扩增体系的建立、加样等。

五、实验室内人员移动

(一)实验区内单向流动

这主要针对早期一个区域套一个区域模式的 DNA 实验室,即一个大的实验区分割成初检、提取、扩增、电泳检测四个区域,每个区域有一单向门连接。这样的实验室在实验区内必须单向流动,即由初检区进入实验区,按实验流程进入提取区,进入扩增区,进入电泳检测区,并由电泳检测区出实验区,不允许逆向流动。

(二)实验区内不随意移动

现在,绝大部分法医 DNA 实验室都有缓冲区/缓冲走廊,实验区内提取、扩增、电泳各区域单独开门通向缓冲走廊,各区域相互之间不直接相通,单向流动的概念已经不适用了。为此,针对建有缓冲区/缓冲走廊的法医 DNA 实验室,应该注意不要随意、频繁地在各个区域间移动,特别是扩增区域。

对于只在实验区入口处设置风淋室的法医 DNA 实验室来说,这一问题尤其应该引起重视。因为检验人员通过风淋室进入实验区后,对于检验人员本身再无防污染的措施了,如果随意、频繁地在各个区域间移动,就会破坏区域隔断的意义,增加污染的风险。

六、分流分时检验

对于从事刑事技术的法医 DNA 实验室来说,防止人员比对样本和现场物证在实验室内交叉污染尤为重要。为此,新建的实验室都会注意设置两条检测通道,即人员比对样本和现场物证在不同的检测通道进行检验,确保人员比对样本和现场物证不会在实验室内交叉。

对于没有建立两套检测线的实验室来说,可以通过分时段检验的方式进行控制。

知识点

1. 洁净实验室

是指洁净区域需要将空气中的微粒子、有害空气、细菌等污染物排除，并将无尘、室内温度、洁净度、室内压力、气流速度与气流分布、噪声震动及照明、静电等控制在某一需求范围内，洁净实验室可分为一级、十级、百级、千级、万级、十万级、三十万级，数值越小，净化级别越高，造价也就越高。

1 级，主要用于制造集成电路的微电子工业。

10 级，主要用于带宽小于 2 μm 的半导体工业。

100 级，也称为无菌室，主要用于医药工业的无菌制造工艺、外科手术、骨髓移植后的隔离治疗等。

1 000 级，主要用于高质量光学产品的生产，还用于装配高质微型轴承等。

10 000 级，主要用于液压设备或气压设备的装配，也用于食品饮料工业，也常用于医工业。

100 000 级，用于很多工业部门，食品饮料的生产、医药工业也常常使用。

2. 紫外线照射后的 DNA

发现有几个变化，其中最明显的变化是，同一链上的两个邻近嘧啶核苷酸的共价联结，形成嘧啶二聚体（thymine dimer, TT）。此外还有胞嘧啶二聚体腺（CC）以及胸腺嘧啶和胞嘧啶二聚体（CT）。这些嘧啶二聚体使双螺旋的两链间的氢键减弱，使 DNA 结构局部变形，严重影响照射后 DNA 的复制和转录。含有嘧啶二聚体的 DNA 链，不能作为 DNA 复制的模板，新合成的链在二聚体的对面和两旁留下了缺口。

3. 超净工作台

超净工作台（clean bench）是为了适应现代化工业、光电产业、生物制药以及科研试验等领域对局部工作区域洁净度的需求而设计的。其工作原理为：通过风机将空气吸入预过滤器，经由静压箱进入高效过滤器过滤，将过滤后的空气以垂直或水平气流的状态送出，使操作区域达到百级洁净度，保证生产对环境洁净度的要求。

4. 生物安全柜

生物安全柜（biosafety cabinet）是为操作原代培养物、菌毒株以及诊断性标本等具有感染性的实验材料时，用来保护操作者本人、实验室环境以及实验材料，使其避免暴露于上述操作过程中可能产生的感染性气溶胶和溅出物而设计的。

温馨提示

1. 关于气溶胶

一个工作繁忙的法医DNA实验室,产生气溶胶几乎是不可避免的。传统的实验室可通过开窗通风达到驱散气溶胶的集聚,这对于全封闭的实验室就无法实现了,只能加强送风排风。然而,作者所在的法医DNA实验室,为全封闭模式,为防止交叉污染,实验室内分现场物证检验通道和人员样本检验通道,确保人员样本和现场物证没有交叉机会。实验室运行近十年,现场物证检验通道的扩增加样操作是在超净工作台中进行,故运行至今未发生明显的大面积污染情况;而人员样本检验通道,因批量人员样本检验全部利用自动工作站分装加样,整个操作在实验区内是全开放式的,每隔年余,就会发生一次较为明显的大面积的污染,可能是因为上送风下排风模式正好将气溶胶下压至操作台面、移液器、正在加样的管/板而导致污染形成。为此,关键操作在超净工作台中进行是防止气溶胶污染的一个有效措施。

2. 关于工作衣

一般法医DNA实验室均采用白大衣作为工作衣。但是,一件白大衣从采样到提取到扩增到电泳,会成为污染源。为此,许多实验室采用两种颜色的工作衣是有意义的。

3. 关于超净工作台与生物安全柜

这是两种性能完全不同的设备。超净工作台是往外吹风,确保工作区无菌、无污染的环境,并不考虑检验人员是否需要保护。生物安全柜是负压系统,是往里面吸空气,防止生物病菌或试剂溅出安全柜污染检验人员和环境,主要用来保护人体的。从法医DNA实验室的工作性质来说,应该选择超净工作台而不是生物安全柜。超净工作台每次使用完毕后,应按照要求关闭前挡板并开启紫外消毒程序。

4. 对于全封闭DNA实验室,空调系统必须强调全新风送风

我们知道,我国对中央空调新风量要求一般是30 m^3/h,也就是说,中央空调每次送风时,其实只是在回收排风中加入20%~30%的新风,重新打回。为此,如果不是全新风送风的话,实验室所有的区域分割都是没有意义的。另外,要提醒的是空调系统的高效过滤网只有抗菌防霉的功效,无降解DNA的功效。

5. 实验室分区范例

(1) 区域分割方面,遵循提取、扩增、电泳三大区域隔离原则,为杜绝现场物

证与人员样本在实验室内交叉污染可能，设计“人物分离”的两条检测通道，即人员样本走人员样本提取、人员样本扩增通道，现场物证走现场物证提取、现场物证扩增通道。

（2）根据现场物证性状不同和实验目的不同，物证提取区域分割成常量物证提取区、微量物证提取区和科研样本提取区三个区域。

（3）为减少扩增区域扩增样本被污染的概率，在扩增区入口设置风淋室，减少检验人员身上污染物的带入。

（4）为确保检测试剂盒不被污染，在人物两个扩增区中间设置扩增试剂分装区，本区域只有扩增试剂盒，不允许也没有必要将检测样本带入，形成了一个无样本存在空间。

（5）在试剂分装区和人物扩增区分别放置超净工作台，试剂分装及扩增样本加样均分别在各自的超净工作台内操作，每次操作后均有紫外消毒，有效减少扩增区气溶胶的形成。

（6）由于扩增区设置了风淋室，检验人员手持检测样本进出不方便，为此，分装区与人物扩增区、扩增区与电泳区之间均设置有传递窗。扩增产物在电泳区才开管电泳加样，为减少气溶胶扩散，电泳区入口也设置风淋室，电泳区为近100 m^2的较大的空间，不利于气溶胶的快速集聚。设置有三道中心实验台，人员样本扩增产物、现场物证扩增产物和科研样本扩增产物可分别在各自固定区域、固定的基因分析仪上进行电泳分析。

我的心得

实验室规范篇

根据《全国人民代表大会常务委员会关于司法鉴定管理问题的决定》的要求，从事检验鉴定的法医 DNA 实验室需通过实验室认可或资质认定。

本篇依据《司法鉴定/法庭科学机构能力认可准则》(CNAS－CL08：2018)要素顺序,结合《司法鉴定/法庭科学机构能力认可准则在法医物证DNA鉴定领域的应用说明》(CNAS－CL08－A002,以下简称认可准则应用说明)、《检验检测机构资质认定能力评价　检验检测机构通用要求》(RB/T214—2017,以下简称资质认定通用要求)、《检验检测机构资质认定刑事技术机构评审补充要求》(以下简称刑技补充要求)和《检验检测机构资质认定能力评价　司法鉴定机构要求》(RB/T219—2017,以下简称司法鉴定机构要求),介绍法医DNA实验室的规范化要求。

由于法医DNA实验室通常是鉴定机构的一个专业,一般不会单独涉及法律地位、组织架构等问题,故本篇只介绍实验室的资源要求和过程要求。

| 第十四章 |

资 源 要 求

法医 DNA 实验室应配备管理运行和实施检验鉴定所必需的人员、设施、设备、系统和服务支持。

一、人员

1. 实验室应根据业务量配置检验鉴定人员

确保能够满足其检验鉴定工作的需求。

（1）鉴定人

1）实验室认可应用说明：鉴定人应有生物学、生命科学或医学相关专业本科及以上学历，在法医物证 DNA 领域工作 3 年（含）以上。

2）资质认定通用要求：检验检测机构不得使用同时在两个及以上检验检测机构从业的人员。

3）司法鉴定机构要求：每项鉴定专业应至少有 3 名司法鉴定人，司法鉴定人应持有有效的《司法鉴定人执业证》，并在执业范围内实施相关鉴定工作。

4）刑技补充要求：每个项目至少有 3 名及以上具有该项目鉴定资格的鉴定人，且至少有 1 名鉴定人拥有中级以上专业技术任职资格或者同等能力。

5）《公安机关 DNA 实验室等级评定办法》(2017)：要求鉴定人为专职鉴定人。

（2）授权签字人

1）认可准则应用说明：授权签字人应有生物学、生命科学或医学相关专业本科以上学历，在获得法医物证鉴定人资格证书后在本鉴定专业工作 3 年（含）以上，并具有本专业中级及以上职称。

2）资质认定通用要求：授权签字人应具有中级及以上专业技术职称或

同等能力，并经资质认定部门批准，非授权签字人不得签发检验检测报告或证书。

3）司法鉴定机构要求：授权签字人所负责审核、签发司法鉴定意见书的专业领域应与其《司法鉴定人执业证》规定的执业范围相对应。

（3）监督员

1）认可准则应用说明：监督员应熟悉本专业的鉴定方法、程序、目的和结果评价，并具备本专业中级（含）以上技术职称。

2）资质认定通用要求：应由熟悉检验检测目的、程序、方法和结果评价的人员，对检验检测人员包括实习员工进行监督。

（4）其他关键人员

1）司法鉴定机构要求：当业务范围涉及多个鉴定专业领域时，可以设置多个技术负责人，负责其相关鉴定专业的技术运作。

2）刑技补充要求：刑事技术机构的最高管理者、技术负责人、质量负责人、授权签字人应当是在职人民警察。

2. 实验室应确认检验鉴定人员的能力

确保检验鉴定人员具有相应能力实施其负责的检验鉴定活动。

对影响检验结果的人员岗位规定包括教育、资质、培训、专业知识、技能和经验等的能力要求，通过书面或口头考试、技能操作、人员观察和符合性评价等方式，评价检验鉴定人员的能力，包括检验方案策划和专业判断能力，以及具有与其所承担的检验鉴定工作类型、范围和工作量相适应的能力，并有能力评价偏离的程度。

（1）资质认定通用要求：应对抽样、操作设备、检验检测、签发检验检测报告或证书及提出意见和解释的人员，依据相应的教育、培训、技能和经验进行能力确认。

（2）司法鉴定机构要求：鉴定活动中需要外部专家提供咨询意见或技术支持的，机构应有评估与选择外部专家的程序。

（3）刑技补充要求：鉴定机构应当对聘请的外部专家的资质进行确认。

3. 实验室应建立人员培训程序和培训计划

确保技术性培训计划是适宜的，并与机构的鉴定活动相适应。

（1）培训内容应包括鉴定方法、专业理论和技能、相关新技术、设备操作、设备安全、数据库软件和专业分析软件、污染防范、专业安全、消毒知识、出庭质证、法律法规。

认可准则应用说明：

1）污染防范、生物安全和消毒知识。

2）与工作内容相适应的实验操作技能。

3）当使用数据库软件、专业分析软件对检测的结果进行检索、处理时，对鉴定文书所含意见和解释负责的人员必须对相关软件性能、操作等有充分的培训。

（2）培训计划应根据检验鉴定人员的能力、资质、经验和监督结果，体现具有针对性培训，一般可包括：

1）上岗前培训阶段。

2）在资深鉴定人指导下的工作阶段。

3）与鉴定技术和方法的发展保持同步的继续培训阶段。

（3）以下情况需重新培训：

1）检验鉴定人员离开岗位一年以上时。

2）检验方法发生变化时。

3）关键设备发生变化时。

（4）尽可能地评价培训活动的有效性，评价方法包括：

1）能力验证结果。

2）内部质量控制结果。

3）内外部审核。

4）不符合工作识别。

5）利益相关方的投诉。

6）人员监督评价和考核。

4. *实验室应依据鉴定方法和要求对鉴定人及参与鉴定工作的人员进行监督*以评价其鉴定工作的符合性和满意度，监督应包括对所有鉴定人安排现场见证。

（1）监督的方式可以是检材提取、仪器操作、特征比对、数据分析、结果判断等技术环节，以及受托受理过程、鉴定文书制作等。

（2）监督的频率、程度和范围应与人员的资格、经验、培训、能力表现和承担鉴定的内容相适应。

（3）监督的结果应作为培训需求评价的依据之一。

认可准则应用说明：应每2年对参与鉴定的全部人员进行至少一次现场见证。

5. 实验室应对关键人员进行授权

范围应包括但不限于：

（1）方法的建立、修改、验证和确认的人员。

（2）鉴定和结果分析，包括结果的判断、分析说明和解释的人员。

（3）结果报告、报告审核和批准的人员。

（4）关键性技术支持人员。

（5）重要管理岗位，如检材/样本管理、设备管理、档案管理等人员。

认可准则应用说明：在培人员、临时聘用人员和外部专家不应从事结果分析、结果报告、报告审核和批准等关键性工作。

6. 实验室应建立人员管理程序

内容至少包括：

（1）确定人员能力的程序和要求。

（2）人员选择的程序和要求。

（3）人员培训的程序和要求。

（4）人员监督的程序和要求。

（5）人员授权的程序和要求。

（6）人员能力监控的程序和要求。

7. 实验室应可以采取行为准则的形式向其人员提供行为指导

内容可包括职业道德和执业纪律、公正性、人员安全、与客户关系、本机构规章制度和其他确保人员行为适当的要求。对所有可能影响鉴定活动的人员，无论是内部或外部人员（包括在培人员、临时聘用人员、外部专家等），实验室都应确保其行为公正，确保其有能力并按照管理体系要求实施相关工作。

二、设施和环境条件

（1）设施和环境条件应适合于检验鉴定活动，不应对结果有效性产生不利影响。

认可准则应用说明：应考虑生物检材/样本保存的要求，配备必要的温度、湿度控制设备以及安全设施。

（2）应将开展检验鉴定活动所必需的设施和环境条件的要求制定成文件。

（3）实验室应监测、控制和记录电泳分析区、检材储存区和档案保存区的温湿度条件。温度过低时会影响电泳胶和缓冲液的浓度，继而影响电泳结果；湿度过高时会导致检材霉变、文件字迹褪色。

（4）对于不相容的检验鉴定区域应进行有效隔离，进入和使用控制。

认可准则应用说明：

1）应设分隔开的工作区域，包括（但不限于）以下几个区域。

A. 办公区。

B. 试剂储存、准备和试剂配置区。

C. DNA 提取区。

D. PCR 扩增及 DNA 检测区。

E. 清洗和消毒区。

2）各功能区使用面积满足业务工作需求，应有明确的标识。

3）功能区间实现有效隔离，各功能区的空调、换气系统独立，进气与排气通道不混用。

4）各区域避免不同工作区域内的设备混用。

《公安机关 DNA 实验室等级评定办法》（2017）要求：

三级 DNA 实验室：

1）面积：实验室面积不小于 300 m^2，其中实验用房面积不少于 200 m^2。

2）分区：具备受理区、检材预处理区、常量生物检材 DNA 提取区、微量生物检材 DNA 提取区、人员样本 DNA 提取区、扩增加样区、扩增区、检测区、DNA 数据库工作区、试剂配制区、生物检材和样本保管区、办公区，各区间面积不小于 15 m^2，整体布局合理，各区间有效隔离。

3）实验室按功能要求配备有相应防火、防震、防腐、防潮、防尘、防静电、恒温、消毒和给排水等设施。

4）实验室具备门禁系统和防气溶胶污染、免交叉污染的消毒设备、通排风、空调等设施。

（5）在户外现场开展检验鉴定时（如把快速 DNA 检验搬至现场进行检测等），应确保满足上述有关设施和环境条件的要求。当环境条件不能满足上述要求，并对结果的有效性可能会有影响时，应记录实际的环境条件，以供结果解释时参考。

（6）应采取措施确保实验室的良好内务。

1）资质认定通用要求：应建立和保持检验检测场所良好的内务管理程序。

2）认可准则应用说明：应有妥善处理生物、化学等有害废弃物的制度和设施。

3）刑技补充要求：应有妥善处理生物、化学等有害废弃物的制度。

三、设备

（1）实验室应配备正确开展检验鉴定活动所需的并能影响结果的设备（参见实验室建设篇，第十二章法医 DNA 实验室仪器设备配置）。

（2）当使用非本实验室常规控制下的设备时：

1）使用非本实验室控制下的外部设备时，应确保所用设备的适用性、功能状态或校准状态。

2）当检验鉴定工作需在临时、移动设施中或现场等非固定设施中进行时，应事先对外部设备的适用性、功能状态进行必要的核查。

（3）实验室应有处理、运输、储存、使用和设备计划性维护的程序，以确保其功能正常运行并防止污染或性能退化。

（4）设备在投入使用或重新投入使用前，实验室应验证其符合规定的要求。对检验鉴定结果有效性有影响的设备进行核查时，应对核查要求文件化，核查要求应至少包括核查的方式、核查周期和符合性的判断指标。

认可准则应用说明：对鉴定结果有效性有影响的设备包括（但不限于）：① 可能对鉴定结果产生影响的；② 与鉴定结果直接相关的，如 PCR 仪、遗传分析仪等。

（5）实验室应制定校准计划，对加样和关键试剂的移液器、涉及 DNA 提取关键温度的水（干）浴、控制环境温湿度的温湿度计、控制存放检材和关键试剂冰箱温度的温度计等，应定时送校，并进行标识，确保设备使用人能够迅速识别校准状态或有效期限。

（6）设备故障时，应停止使用，并进行标识，直至经过验证表明能正常工作。

（7）当需要利用期间核查以保持设备性能的可信度时，应按程序进行核查。

司法鉴定机构要求：在对鉴定结果具有重要影响的仪器设备进行核查时，应制定相应的作业指导书，文件化的内容至少应包括核查的方式、频次和符合性的判断指标。

（8）对鉴定活动有影响的设备记录应予保存，记录应包括以下适用的内容：

1）设备的识别，包括软件和硬件版本。

2）制造商名称、型号、系列号或其他唯一性标识。

3）设备符合规定要求的验证证据。

4）当前的位置。

5）校准日期、校准结果、设备调整、验收标准、下次校准的预定日期或校准周期。

6）与设备性能相关的维护计划，以及近期维护实施情况。

7）设备损坏、故障、改装或维修的详细信息。

认可准则应用说明：对鉴定活动有影响的设备（如PCR仪、遗传分析仪等）应保存完整的使用记录。

四、外部提供的产品和服务

外部提供的产品包括检测标准和设备、辅助设备、消耗材料；服务可包括校准服务、检测服务、设施和设备维护服务、能力验证服务以及评审和审核服务。

（1）实验室应确保影响检验鉴定活动的外部产品和服务的适用性，包括：

1）将外部提供的产品和服务用于实验室自身的检验鉴定活动。

2）实验室直接将外部提供的部分或全部产品和服务提供给客户。

3）用于支持实验室的运作。

司法鉴定机构要求：为完成鉴定委托要求，需要其他机构提供部分检测数据时，可以分包。但对于使用司法行政机构规定的必备仪器设备所开展的检验检测工作，不得进行分包。不得将抽样/取样、鉴定结果的分析和判断，以及鉴定意见的形成等工作进行分包。

刑技补充要求：应当独立完成委托受理协议中要求的鉴定工作，不得进行分包。使用聘请的外部专家按照其管理体系的要求提供技术支持，不属于分包。

（2）针对以下活动，实验室应建立程序，明确要求，并保留记录。

1）对外部提供产品和服务的要求，包括要求的确定、审查和批准。

认可准则应用说明：鉴定机构应优先选择已经获得产品认证和/或质量管理体系认证的供应商提供的产品。鉴定机构可以通过调查或参考其他鉴定机构的供应商、鉴定机构自评审等方式来证明供应商的组织能力、技术能力，并保存对其评价的记录。

2）对外部提供者的评价、选择、表现监控和重新评价等标准。

认可准则应用说明：鉴定机构应了解经销商和生产商的区别以及评价要点。对于重要供应品、试剂和消耗材料，鉴定机构应针对其生产商进行重点评价。

刑技补充要求：由政府采购形式确定的供应商，应当视为按程序选择和批准的供应商，但应当对重要供应品、试剂和消耗材料的生产商进行重点评价。

3）在使用外部提供的产品和服务前，或直接提供给客户之前，应确保其符合实验室规定的要求，或满足准则的相关要求。

认可准则应用说明：鉴定机构应以实验的方式对影响鉴定结果质量的重要供应品、试剂和消耗材料进行质量确认。对于重要试剂，必须包括对阳性检材/样本和阴性检材/样本的检测。重要供应品、试剂和消耗材料包括（但不限于）：

A. 鉴定机构日常大量使用的。

B. 可能对鉴定结果产生影响的。

C. 与鉴定结果直接相关的。

司法鉴定机构要求：在使用对检测质量有重要影响的试剂之前，应进行验收、核查，确认合格后才能使用。应定期对产品质量、适用性等进行评价。

刑技补充要求：应当以实验的方式对影响鉴定结果质量的重要供应品、试剂和消耗材料进行质量确认。对于重要试剂，必须进行包括对阳性检材/样本和阴性检材/样本的检测。

4）根据对外部提供者的评价、监控和重新评价结果而采取的措施。

（3）实验室在与外部提供者的沟通中，应明确以下要求：

1）需提供的产品和服务。

2）验收的标准。

3）能力要求，包括人员所具备的资格。

4）实验室或客户拟在外部提供者的场所进行的活动。

第十五章
过 程 要 求

一、委托受理

（1）实验室应制定委托受理程序，该程序应确保：

1）委托要求应予充分明确和文件化，并易于理解。

2）实验室有能力和资源满足委托要求。

3）实验室需要进行分包时，应向客户告知具体内容，并应获得客户同意。但实验室不得对取样、结果/数据分析、结果判断和鉴定意见形成等工作进行分包。

4）选择适当的方法，并能满足客户的委托要求。

5）相关法律法规的要求和回避事项。

6）需进入案发、事故等现场进行工作的，应明确现场工作范围、现场完整性要求、环境条件和其他特殊要求。

7）所需的特殊设备或特殊能力。

8）健康和安全问题。

9）相关信息或资料，如案情、调查记录、人员信息、检材/样本状况、既往鉴定、诊疗记录等。

10）检材/样本返回或处理要求，应有客户的确认记录。

（2）若客户要求的检验鉴定方法不合适或是过时的，实验室应通知客户。

（3）客户的委托要求与受理协议之间的任何差异，应在检验鉴定活动开始之前得到解决。每项受理协议应得到实验室和客户双方的接受。客户提出的偏离要求不应影响实验室的诚信或结果的有效性。

刑技补充要求：委托受理协议应当由双方签字确认。

司法鉴定机构要求：

1）委托有关程序中应包含鉴定案件受理和不受理的条件。

2）需与委托人确认鉴定方法的选用、鉴定结束后需退还的鉴定检材及退还方式、报告发送方式等。

3）对于委托人提供实施鉴定时应予以考虑的外部信息，应建立和执行程序对外部信息的完整性、可采用性进行确认。

（4）实验室应根据受理协议要求实施检验鉴定活动，并通过监督、审核等措施使检验鉴定活动处于受控状态，并确保满足受理协议的要求。对受理协议的任何偏离均应通知客户。

（5）检验鉴定工作开始后如果需要修改受理协议，应重复进行委托受理评审的过程，并将所有修改内容通知所有受到影响的人员。

（6）实验室应与客户或其代表在明确客户要求、见证相关检验鉴定活动等方面进行合作。

认可准则应用说明：在允许客户或其代表合理进入鉴定机构的相关区域见证相关检验鉴定活动前，除确保其他客户机密的前提外，还应考虑法律法规、检材/样本安全、人身安全、污染防范等多方面因素。

（7）实验室应保存包括任何重大变化在内的委托受理评审记录。就客户的要求或鉴定结果与客户进行讨论的记录，也应予以保存。

二、方法的选择、验证

（1）实验室应使用合适的方法（通常遵守国家标准、行业标准和部门规定）进行所有的检验鉴定活动。适当时，使用统计学技术进行数据分析。

司法鉴定机构要求：在满足鉴定委托要求和鉴定工作要求的前提下，应当依顺序采用和遵守国家标准、行业标准和技术规范、经确认的非标准鉴定方法。

（2）所有的方法和支持性文件应保持现行有效并易于人员取阅，如与鉴定活动相关的作业指导书、标准、手册和参考数据等。

（3）实验室应确保使用的方法为最新有效版本，除非不合适或不可能做到。必要时，应补充方法使用的细节以确保其应用的一致性。当使用的标准已包含了充分和简明的信息，足以指导检验鉴定活动实施时，则不需进行补充或改写为内部文件。当方法中存在可选择步骤时，则可能有必要制定补充性文件或细则。

认可准则应用说明：应有专门的方法以规定鉴定结果的研判方法、研判依据、研判结果等的表述。当采用群体遗传学计算作为鉴定结果的研判方法、依据时，应在方法中明确计算公式（包括可能的参数和变量），提供用于计算的群体遗传学基础数据，同时能够保证这些数据的有效性并确定其符合实验室的技术需求。

（4）当客户未指定所使用的方法时，实验室应选择适合的方法，所选用的方法应告知客户。

（5）实验室在引入方法之前，应验证能够正确运用该方法，以确保实现所需的方法性能要求并保留方法验证的记录。当方法发生变更或修订时，应重新进行适当程度的验证。

（6）当检验鉴定活动所依据的方法需发生偏离时（最常见的是扩增体系的改变），应事先将该偏离形成文件并经技术判断、批准授权和被客户接受。

三、取样

（1）实验室应制定取样程序，明确需要控制的因素，以确保后续鉴定结果的有效性。

（2）取样方法内容描述应包括：

1）样品或位置的选择。

2）取样步骤。

3）对通过取样得到的检材的处理，以供后续检验鉴定。

（3）取样信息作为鉴定工作内容之一时，实验室应保留相关记录，该记录应包括以下相关信息：

1）所用的取样方法。

2）取样的日期和时间。

3）取样位置的文字和图片记录。

（4）实验室应确保鉴定人具有选择、确定和获取检材的能力，并进行适当的培训。

司法鉴定机构要求：司法鉴定中的取样过程不涉及统计学方法。

四、检材/样本的处置

（1）实验室应制定关于检材/样本的运输、接收、处置、保护、存储、保留、清理或返回的程序，包括为保护检材/样本的完整性以及实验室与客户利益所需的所有规定。在处置、运输、保存/等候、制备、鉴定过程中，应遵守随检材/样本提供的操作说明,以避免检材/样本变质、污染、丢失或损坏。

认可准则应用说明: 鉴定机构应确保检材/样本在准备、检测、流转和存储过程中不被污染、破坏。鉴定机构应有必要的程序和设施防止检材/样本的污染。适用时,鉴定机构应有程序规定从检材/样本中提取的 DNA, PCR 反应产物等中间产物的保存和使用。鉴定机构可采取(但不限于)以下措施降低检材/样本污染对鉴定结果的影响:

1) 实现检材/样本在实验室工作区间的单向流动。

2) 做好技术人员的自身防护,如使用个人防护装备,包括作业服、手套、口罩和发罩,所有这些物品必须是一次性使用,并根据具体情况及时更换。

3) 做好设备、设施的定期清理和消毒。

4) 具备实验区的外部屏障,能有效阻止无关人员未经许可进入实验区。

(2) 实验室应建立明确识别各类检材/样本的标识系统,并确保检材/样本在本实验室的整个期间能得到持续的识别。该标识系统应能确保各检材/样本之间或在相关的记录和文件中不被混淆。如果合适,标识系统应包含检材/样本群组的细分和检材/样本在鉴定机构内外部的传递。

1) 考虑到各类检材/样本的不同特性,鉴定机构选择适宜的标识方式是十分重要的,如唯一性标识、区别性的特性描述等。

2) 检材/样本在鉴定机构内外部或在不同鉴定阶段的传递,仅采用单一标识方式可能是不现实的,标识系统的设计应能考虑到该种情况,并能体现出同一检材/样本的不同标识方式间的传递性关联。

(3) 在接收检材/样本时,应全面详细地记载检材/样本的包装、数量、性状等,应记录异常情况或对规定条件的偏离。当对检材/样本是否适合于鉴定工作存有疑问,或当检材/样本与所提供的描述不一致时,实验室应在开始工作之前问询客户,以得到进一步的说明,并记录问询的结果。当客户得知检材/样本偏离了规定条件,但仍要求进行鉴定时,实验室应在报告中做出免责声明,以说明偏离可能影响结果。

司法鉴定机构要求: 司法鉴定机构应核对并记录所接收的鉴定材料的名称、种类、数量、性状、保存状况、收到时间等,包括记录异常情况或对鉴定方法中规定条件的偏离。鉴定需要耗尽或者可能损坏鉴定材料的,应当事先告知委托人并征得其确认。当对鉴定材料是否合适于鉴定工作存有疑问,或当鉴定材料与所提供的描述不一致,或对所委托的鉴定事项描述不够详尽或有疑问时,应在开始工作之前问询委托人,以得到进一步的说明或确认,并记录下讨论的内容。

（4）当检材/样本需要在特定的环境条件下存放或有环境条件要求时，应保持、监控和记录这些环境条件。当检材/样本或其一部分需要安全保护时，鉴定机构应对存放和安全做出安排，以保护该检材/样本或其有关部分的状态和完整性。

（5）鉴定机构应对接收、内部传递、处置、保留、返还和清理等过程进行记录，确保“保管链”记录的完整性和可追溯性。

五、记录/档案

（1）实验室应确保每项检验鉴定活动的技术记录包含结果、报告和充分的信息，以便在可能时识别影响测量结果的因素，并能确保在尽可能接近原条件的情况下复现相关检验鉴定活动。技术记录应包括实施每项检验鉴定活动、审查数据/结果等责任人的标识和日期。检验鉴定活动的原始观察结果、数据和计算应在观察或获得时予以记录，并按特定任务予以识别，并及时归档。当使用实验室信息管理系统（LIMS）时，如系统不能自动采集数据，实验室应保留原始记录。

（2）实验室应确保技术记录修改后可以追溯到前一个版本或原始观察结果，并同时保存原始的以及修改后的数据和文件，包括更改的日期、更改内容和负责更改人员的标识。

（3）授权签字人对鉴定文书的审核记录，应能表明检验鉴定活动中每个关键的发现、支持鉴定意见的结果/数据、分析判断和说明、鉴定意见的审核过程等。授权签字人的审核意见可以通过多种方式体现，如逐项或总体的意见，以及针对性的说明等。

（4）实验室应建立和保存针对每例鉴定的文件档案。适用时存档内容应包括（但不限于）：与客户沟通的所有记录、委托受理协议、检材/样本的状态描述和“保管链”记录（接受、内部传递、返还或其他处置）、鉴定过程记录、鉴定结果/数据、授权签字人审核鉴定文书的记录、鉴定文书副本等。

刑技补充要求：存档内容至少包括鉴定委托书、委托受理协议、与委托方沟通的所有记录、检材/样本的照片或者检材和样本复制件以及检材/样本的状态描述，检材/样本的接受、内部传递、返还或其他处置记录，鉴定过程记录、鉴定结果/数据、图谱、所利用的外部信息或资料、实验记录、文书审批稿、鉴定文书审批记录等记录、鉴定文书副本等。

刑技补充要求：鉴定档案保存期限不少于 30 年，具有下列情形之一的，应当永久保存。

1）涉及国家秘密没有解密的。

2）未破获的刑事案件。

3）犯罪嫌疑人可能或者已被判处无期徒刑、死刑的。

4）特别重大的火灾、交通事故、责任事故和自然灾害。

5）办理案（事）件部门或者鉴定机构认为有永久保存必要的。

6）法律、法规、规章规定的其他情形。

六、确保结果的有效性

（1）实验室应建立监控鉴定结果的质量控制程序，并从所得数据和/或结果中便于发现其发展趋势。如可行，应采用包括统计技术在内的方法对质量控制结果进行审核。质量控制活动应进行策划并经评审，并应根据专业特点、方法要求、技术风险、人员能力及所进行鉴定工作的类型和工作量，确定质量控制的具体方式、实施频次（常规或定期）和控制要求并文件化，其方式包括但不限于：

1）使用标准物质或质量控制样品。

2）使用其他已被校准的仪器以提供可溯源的结果。

3）测量和检测/检验设备的功能性核查。

4）适用时，使用核查或工作标准，并制作控制图。

5）测量设备的期间核查。

6）使用相同或不同方法进行重复检测/检验。

7）对存留检材/样本进行再次检测/检验。

8）同一检材/样本不同特性结果之间的相关性分析。

9）报告结果的审核。

10）实验室内比对。

11）盲样测试。

认可准则应用说明：质量控制活动还应包括（但不限于）以下内容：

A. 对使用的耗材、试剂等进行质量管控，在确认其指标符合质量控制的要求后，再用于检验鉴定工作。

B. 实行检材/样本分类鉴定，特殊的检材/样本单独鉴定，如分区、分时或分人鉴定。

C. 建立相关人员遗传信息的排查数据库。

D. 建立阳性对照样品、阴性对照样品鉴定制度。

E. 检材不同特性的相关性分析。

F. 同一检材/样本使用不同试剂盒结果的相关性分析。

G. 增加检测的遗传标记,满足出具鉴定意见的要求。

H. 对鉴定结果进行综合分析(可通过 DNA 数据库或实验室信息管理系统实现),以发现潜在的污染。

认可准则应用说明: 鉴定机构使用检材/样本留样作为盲样测试时必须保证:

A. 该样品的与质控有关的特性已经事先得到有效确认。

B. 该样品的均一性符合质控的要求。

C. 在作为对照样品期间,上述特性足够稳定。

(2) 当可行并适合时,实验室应通过与其他鉴定机构进行结果比对来监控其工作。这种监控应进行策划和评审,其方式包括但不限于:

1) 参加能力验证。

2) 参加能力验证以外的实验室间比对。

认可准则应用说明: 在认可证书有效期内,鉴定机构参加能力验证活动应覆盖认可能力范围内的鉴定项目/参数,对于无法获得能力验证的项目/参数,至少进行一次实验室间比对。

(3) 监控活动的数据应进行分析,并要应用于对鉴定活动的控制,适合时包括应用于对鉴定活动的改进。当发现监控活动数据的分析结果超出预先确定的判据时,应采取适当措施防止报告不正确的结果。

七、鉴定文书

(1) 实验室应以鉴定文书的形式出具检验鉴定结果,鉴定文书发出前应经过审核和批准。

公安部《DNA 鉴定文书规范》(2018): 鉴定文书分为鉴定书和检验报告两种。客观反映鉴定的由来、鉴定过程,经过检验、论证得出确定性鉴定意见的,出具鉴定书。客观反映鉴定的由来、鉴定过程,直接得出检验结果的,出具检验报告。

(2) 实验室应准确、清晰、明确和客观地报告每一项或一系列检验鉴定工作的结果,并符合检验鉴定方法中规定的要求,且应包括客户要求的、说明鉴定结果所必需的以及所用方法要求的全部信息。

鉴定文书的审核记录应能表明检验鉴定活动中每个关键的发现、支持鉴定意见的结果/数据、分析判断和说明、鉴定意见的审核过程等。审核意见可以通过多种方式体现，如逐项或总体的意见，以及针对性的说明等，其审核内容应包括但不限于：

1）使用方法的适宜性。

2）检验鉴定活动过程的符合性。

3）记录、数据、结果、解释和说明、鉴定意见的准确性和完整性。实验室应将所有发出的鉴定文书作为技术记录予以保存。

资质认定通用要求：应当对检验检测原始记录、报告、证书归档留存，保证其具有可追溯性。检验检测原始记录、报告、证书的保存期限通常不少于6年。

（3）鉴定文书的要求：鉴定文书应至少包括下列信息：

1）标题。

2）实验室的名称和地址。

3）开展检验鉴定活动的地点，包括在客户的设施、实验室固定设施外的地点，或在相关临时或移动的设施内。

4）唯一性标识，确保构成鉴定文书内容的每一个部分都能被识别，以及表明鉴定文书结束的清晰标识。

5）客户的名称和联络信息。

6）所用方法的标识。

7）检材/样本的描述及其标识，以及检材/样本的状态。

8）检材/样本的接收日期，取样的日期。

9）检验鉴定活动的开展日期。

10）鉴定文书的发布日期。

11）检验鉴定结果仅与送检的检材/样本有关的声明。

12）检验鉴定结果。

13）检验鉴定人和授权签字人（鉴定文书批准人）的识别。

14）未经本机构批准，不得复制鉴定报告（全文复制除外）的声明。

公安部《DNA 鉴定文书规范》(2018)：要求鉴定文书应包括以下要素：

1）标题。

2）鉴定文书的唯一性编号和每一页的标识。

3）委托鉴定单位名称、送检人姓名。

4）鉴定机构受理鉴定委托的日期。

5）案件名称或者与鉴定有关的案(事)件情况摘要。

6）检材和样本的描述。

7）鉴定要求。

8）鉴定开始日期和实施鉴定的地点。

9）鉴定使用的方法。

10）鉴定过程。

11)《鉴定书》中应当写明必要的论证和鉴定意见,《检验报告》中应当写明检验结果。

12）鉴定人的姓名、专业技术资格或者职称、签名。

13）完成鉴定文书的日期。

14）鉴定文书必要的附件。

15）鉴定机构必要的声明。

司法部《司法鉴定程序通则》(2016)要求：司法鉴定机构和司法鉴定人应当按照统一规定的文本格式制作司法鉴定意见书。

《司法部关于印发司法鉴定文书格式的通知》(司发通[2016]112号)：关于司法鉴定意见书内容包括：

1）基本情况。

2）基本案情。

3）资料摘要。

4）鉴定过程。

5）分析说明。

6）鉴定意见。

7）附件。

(4）实验室应对鉴定文书中的所有信息负责,由客户提供的信息除外。此外,当客户提供的信息可能影响鉴定结果的有效性时,鉴定文书中应有免责声明。应在鉴定文书中做出结果仅适用于送检检材/样本的声明。

(5）鉴定文书的意见和解释：当鉴定文书包含意见和解释时,实验室应对意见和解释的依据文件化,并应确保仅由授权人员进行意见和解释。

认可准则应用说明：当鉴定文书的意见和解释不易被理解或易产生歧义时,鉴定机构应有措施防止结果的误用,如以附加说明的形式对结果进行进一步阐述。

（6）鉴定文书的修改

1）当更改、修订或重新发布已发布的鉴定文书时，应在鉴定文书中清晰标明修改的信息，适当时说明修改的原因。

2）仅以追加文件或数据传输的形式修改已发布的鉴定文书时，应包含以下声明："对序列号为……（或其他标识）鉴定文书的修改"，或其他等效的文字。

3）修改后的鉴定文书在发布前，应由授权签字人重新进行审核。

4）当有必要发布全新的鉴定文书时，应注以唯一性标识，并注明所替代的原鉴定文书。

八、投诉

（1）实验室应制定程序规定投诉的受理、调查和作出决定的过程。

（2）收到投诉后，实验室应确认该投诉是否与其负责的鉴定活动相关。如果相关，应进行处理，实验室应对整个处理过程中有关投诉处理的所有决定负责。

（3）处理投诉的过程应至少包括以下要素和方法：

1）对投诉的受理、确认、调查以及决定处理措施等过程的说明；

2）针对投诉进行跟踪并记录，包括为解决投诉所采取的措施；

3）确保采取适当的措施。

（4）实验室应对受理的投诉负责收集和确认所有必要的信息，以确认投诉是否有效。

（5）只要可能，实验室应向投诉人告知投诉受理情况，以及提供处理进程的报告和处理结果。

（6）负责与投诉人进行沟通并达成处理结果的人员，包括对此结果进行审核和批准的人员都不应与该投诉所涉及的工作存在关联。

（7）只要可能，实验室应向投诉人发出投诉处理终结的正式通知。

九、不符合工作

（1）当检验鉴定活动的任何方面或该工作的结果不符合实验室规定的程序要求，或不符合与客户约定的要求时（如设备或环境条件超出规定限值、监测结果不能满足规定的要求），实验室应制定和执行相关程序，该程序应确保：

1）确定对不符合工作进行管理的职责和权力。

2）根据实验室设定的不符合工作的风险等级确定应对措施（包括，必要时可暂停或重复工作，以及扣发报告）。

3）评价不符合工作的严重性，包括对先前结果的影响分析。

4）对不符合工作的可接受性作出决定。

5）必要时，通知客户并取消工作。

6）规定批准恢复工作的职责。

（2）实验室应保留所有记录。

（3）当评价表明不符合工作可能再度发生，或对实验室管理体系及其运行的符合性产生怀疑时，实验室应采取纠正措施。

十、数据控制和信息管理

（1）实验室应能获得开展鉴定活动所需的数据和信息。

刑技补充要求：应当有程序来保护和备份以电子方式存储的记录，避免原始信息或数据的丢失或改动。

（2）实验室管理系统（LIMS）在投入使用前，实验室应进行功能确认，包括适当的界面功能。当有任何更改时，包括实验室软件配置或对商用软件的修改，在使用前应进行授权、文件化和确认。对于常规使用的商业软件，在其设计的应用范围内进行使用可视为已充分确认。

（3）要确保实验室管理系统：

1）防止未经授权的访问。

2）安全保护以防止篡改或丢失。

3）在符合供应商或鉴定机构规定的环境下运行。对于非计算机系统，应提供能保护人工记录和转录准确性的条件。

4）采用能确保数据和信息完整性的方式进行维护。

5）包括系统故障的记录，以及适当的紧急措施和纠正措施。

（4）当实验室管理系统在异地或由外部供应商进行管理和维护的，实验室应确保供应商或系统运营商能遵守相关要求。

（5）实验室应确保工作人员能易于获取与实验室管理系统有关的说明书、手册和参考数据。

（6）应对计算和数据转移进行适当和系统的核查。

知识点

1. 投诉

投诉(complaint)是指任何人员或组织向实验室就其活动或结果表达不满意,并期望得到回复的行为。

2. 实验室间比对

实验室间比对(interlaboratory comparison)是指按照预先规定的条件,由两个或多个实验室对相同或类似的物品进行测量或检测的组织、实施和评价。

3. 实验室内比对

实验室内比对(intralaboratory comparison)是指按照预先规定的条件,在同一实验室内部对相同或类似的物品进行测量或检测的组织、实施和评价。

4. 能力验证

能力验证(proficiency testing)是指用实验室间比对,按照预先制定的准则评价参加者的能力。

5. 验证

验证(verification)是指提供客观证据证明给定项目满足规定要求。

6. 确认

确认(validation)是指对规定要求满足预期用途的验证。

7. 鉴定

鉴定(forensic identification)是指在诉讼活动中鉴定人运用科学技术或者专门知识对所涉及的专门性问题进行鉴别和判断并提供鉴定意见的活动,包含抽样/取样、检测/检验、结果分析或对比、结果说明和符合性判断等过程。

8. 鉴定人

鉴定人(forensic expert)是指经过行政管理部门审核批准并取得相关执业证明,从事司法鉴定/法庭科学领域鉴定业务的人员。

9. 检测/检验

检测/检验(test/examination)是指对检材/样本进行观察、分析、比对、解释和说明的活动。

10. 检材/样本

检材/样本(exhibit/sample)用于证明案(事)件事实的所有物品,如毛发、血液、分泌物、人体组织等,及存在于各种载体上用于分析、判断的相关信息或记录。

11. 取样

取样(sampling)指依据专业能力获取部分或全部检材/样本的过程,取样过程一般不涉及统计学方法。

12. 委托受理

委托受理(contract review)是指鉴定机构与客户签订鉴定服务书面协议的过程。

13. 授权签字人

授权签字人(authorized report issuer)是指由鉴定机构管理层任命,并经认可评审考核合格,负责授权范围内鉴定文书技术性审核和签发的鉴定人。

温馨提示

(1)《质量手册》无须太复杂,一般从自己实验室的角度出发,将准则改写一版即可,至于法律地位、组织架构、机构人员情况、质量目标、声明等都可以作为附件,这样有利于文审时检查与准则条款的对应情况。同时,《质量手册》是机构的纲领性文件,是对内的,故无须将机构的光辉历史、先进事迹等编入。

(2)《程序文件》应依据准则的要求,结合自身需求和实际操作进行编写,CNAS－CL08：2018《司法鉴定/法庭科学机构能力认可准则》明确要求机构应制定程序文件的有：公正性,人员,设施和环境条件,内务,设备,设备核查,期间核查,外部提供的产品和服务,委托受理,外部信息,方法的选择,验证和确认,检材/样本的处置,质量控制,不符合工作,电子记录的保护和备份,取样,鉴定结果的判定规则,意见和解释的依据,投诉,人员行为。

(3)现场评审时,评审员往往会要求实验室提供计划。CNAS－CL08：2018《司法鉴定/法庭科学机构能力认可准则》明确要求机构应制定的计划有：培训计划、设备维护计划、方法开发计划、抽样计划、内部审核计划;《检验检测机构资质认定评审准则》要求制定的计划有：培训计划、检定/校准计划、质量控制计划、抽样计划。

(4)人员

1)培训：应以提高鉴定人员的业务能力为宗旨。认可准则和资质认定准则都提出了分阶段培训的要求,其目的就是提醒鉴定机构,要根据人员的能力、需求安排培训。培训不等于上课,初级检验人员跟着中级检验人员、中级检验人员跟着高级检验人员进行检验鉴定,就可以视为培训;查阅文献资料自学也可视为培训。培训记录中的有效性评价不是必需的,因为有些培训,有效性不是立即能够体现出来的。

2）考核：试卷考核是一种方式,但不是唯一的,可结合内外部质量控制活动结果、内部审核结果、投诉等进行。

3）监督：认可准则和资质认定准则都没有监督计划的要求,监督的频率、程度和范围应与人员的资格、经验、培训、能力表现和承担鉴定的内容相适应,监督的方式应是多样性的,监督一般是不预告的。

（5）设施和环境条件

1）实验室要求进入和使用控制是为了防止污染,为此,所有外来者（视察的领导、检查的专家、各种参观者）均应严格遵守实验室进入要求,穿戴专用隔离装备,如白大衣、一次性鞋套、一次性帽子、一次性口罩等。

2）各鉴定区域有效隔离是为了防止污染,为此,各区域的门要确保处于关闭状态,不应为便于移动而全部处于打开状态。

3）温湿度控制应根据工作需求进行,既不能全部不控制,也无须全部控制。一般情况下,电泳区域、检材存放区域、档案存放区域需要进行控制。

（6）设备

1）设备的检定/校准应该把握对检验鉴定结果有影响这一点。譬如,离心机是强检设备,但对于法医 DNA 实验室来说,其转速对 DNA 的分型结果没有影响,就不需要做校准;再譬如,移液器需要校准,但提取区域的 1 mL 移液器大部分使用时是用来加纯水处理血斑检材的,就不需要做校准。

2）设备的功能性核查可以结合实际工作做,譬如,某次检验鉴定的 ladder、阴阳性对照就可以作为一次功能性核查的记录。

3）设备配置应与工作相适宜。一些尚未进入实际应用的先进设备如下一代测序仪,没有科研任务的实验室可以暂缓考虑引进,把相关预算用于主要检验鉴定设备的补强。

（7）外部提供的产品和服务

1）关键试剂的实验性验收可以结合实际工作做,譬如,该试剂进行的第一次检验鉴定的阴阳性对照就可以作为该试剂的实验性验收记录。

2）过期的试剂,可以在使用前、使用中通过验证确认其性能符合检验鉴定要求,并做相关记录备案。

（8）委托受理：合同评审要充分,各关键点要双方确认,特别是剩余检材的处理方式。

（9）取样

1）传统法医物证检验一直强调取样时至少留存可以进行一次复核检验的样本，但在微量生物物证的检验鉴定中，本来可能还能满足一次检验要求，如果为保证一次复核检验而一分为二时，其结果就是两次检验都失败。为此，在微量生物物证取样时，尽可能采集全部样本，确保一次检验成功。

2）在一份检材上进行多处取样时，为保证总的送检检材编号一致，可在该检材编号加后缀 1…2…3…。

（10）确保结果的有效性：质量控制手段不仅仅是参加能力验证活动，每次检验中的内标、ladder、阳性对照、阴性对照是最基本的质量控制手段。为此，每次检验应该加阳性对照和阴性对照，电泳的每个 Run 应该加 ladder。同时，每次分析电泳结果时，首先应该确认内标、ladder、阳性对照和阴性对照的结果。

（11）鉴定文书

1）鉴定文书的唯一性标识应该体现在每一页上，确保能够识别该页属于鉴定文书的一部分。同时，应该有表明鉴定文书结束的清晰标识。

2）鉴定文书的声明应该包括“未经本机构批准，不得部分复制鉴定报告（全文复制除外）”的内容，确保鉴定文书不被误用。

（12）数据控制和信息管理：许多实验室采用 LIMS 系统进行管理，鉴定文书直接由 LIMS 系统导出，保证了数据转移的一致性。但是，由于 LIMS 系统的原因发生导出数据的错误偶有发生，对鉴定文书的复核特别是数据的确认依旧需要引起重视。

我的心得

附　录

| 附录一 |

中国人群 59 个 STR 基因座等位基因频率分布表

D6S1017		D1S1627		D1GATA113		D3S4529		D3S1358	
7	0.000 4	10	0.046 1	7	0.496 0	11	0.000 2	12	0.000 5
8	0.190 3	11	0.003 9	8	0.005 0	12	0.002 1	13	0.001 6
9	0.002 3	12	0.110 6	9	0.000 2	13	0.209 7	14	0.037 9
10	0.411 1	13	0.553 1	10	0.001 9	14	0.240 0	15	0.349 3
11	0.030 7	14	0.271 8	11	0.147 8	15	0.354 3	16	0.328 8
12	0.271 4	15	0.013 3	12	0.311 3	16	0.157 7	17	0.212 4
13	0.086 4	16	0.001 2	13	0.037 7	17	0.034 9	18	0.063 1
14	0.006 0	17	0.000 1	14	0.000 1	18	0.000 9	19	0.005 7
15	0.001 4					19	0.000 1	20	0.000 4
								21	0.000 1

D16S539		D5S818		D14S1434		D4S2408		D18S853	
6	0.000 2	7	0.023 0	9	0.000 2	6	0.000 1	9	0.000 4
8	0.008 6	8	0.002 7	10	0.083 2	7	0.000 7	10	0.018 5
9	0.277 6	9	0.074 7	11	0.158 0	8	0.197 9	11	0.410 9
10	0.119 7	10	0.188 3	12	0.023 5	9	0.305 8	12	0.053 8
11	0.258 3	11	0.321 3	13	0.277 7	9.2	0.000 1	13	0.228 4
12	0.216 2	12	0.237 9	14	0.432 5	10	0.327 1	14	0.223 6
13	0.104 5	13	0.141 8	15	0.021 4	11	0.141 0	15	0.062 6
14	0.013 9	14	0.008 8	16	0.003 0	12	0.026 6	16	0.001 6
15	0.000 9	15	0.001 3	17	0.000 5	12.3	0.000 1	17.2	0.000 1
16	0.000 1	16	0.000 1	18	0.000 1	13	0.000 6	18	0.000 1

D13S317		D10S1248		vWA		TPOX		D1S1677	
5	0.000 1	8	0.002 0	12	0.000 1	5	0.000 2	9	0.000 2
6	0.000 3	9	0.000 1	13	0.001 4	6	0.000 1	10	0.002 2

续 表

D13S317		D10S1248		vWA		TPOX		D1S1677	
7	0.002 1	10	0.001 1	14	0.249 4	7	0.000 4	11	0.002 3
8	0.277 6	11	0.004 2	15	0.033 0	8	0.521 1	12	0.020 8
9	0.136 5	12	0.072 3	16	0.172 3	9	0.122 1	13	0.108 2
10	0.144 5	13	0.377 3	17	0.249 3	10	0.025 4	13.3	0.000 1
11	0.240 8	14	0.226 0	18	0.194 8	10.3	0.000 1	14	0.482 4
12	0.152 3	15	0.212 1	19	0.083 8	11	0.304 1	15	0.314 6
13	0.035 8	16	0.089 8	20	0.014 3	12	0.025 3	16	0.058 9
14	0.009 5	17	0.013 8	21	0.001 4	13	0.001 0	17	0.009 5
15	0.000 4	18	0.001 2	22	0.000 1	14	0.000 1	18	0.000 7
						16	0.000 1	19	0.000 1

D6S474		D12ATA63		D22S1045		D17S1301		D20S482	
11	0.000 3	10	0.000 3	10	0.000 2	7	0.000 2	9	0.000 6
12	0.000 2	11	0.000 4	11	0.224 0	8	0.004 3	10	0.025 4
12.1	0.000 1	12	0.344 5	12	0.004 6	9	0.030 5	10.3	0.000 1
13	0.000 9	13	0.006 1	13	0.004 9	10	0.055 0	11	0.009 1
13.3	0.000 1	14	0.035 6	14	0.018 4	11	0.190 3	12	0.053 0
14	0.346 1	15	0.008 2	14.1	0.000 1	11.1	0.000 1	12.3	0.000 1
15	0.365 5	16	0.206 2	15	0.288 1	11.3	0.000 1	13	0.288 7
16	0.144 2	17	0.302 0	16	0.239 8	12	0.454 7	14	0.393 5
17	0.108 3	18	0.083 0	17	0.193 8	13	0.213 2	15	0.170 9
18	0.032 2	19	0.011 2	18	0.024 3	14	0.045 9	16	0.056 7
19	0.002 0	20	0.002 4	19	0.001 8	15	0.005 6	17	0.001 8
20	0.000 1	21	0.000 1	20	0.000 2	16	0.000 1	18	0.000 2

CSF1PO		D2S1338		D8S1179		D9S1122		TH01	
7	0.003 1	16	0.012 3	8	0.001 4	8	0.000 5	4	0.000 1
8	0.001 8	17	0.064 3	9	0.000 5	9	0.001 7	5	0.000 2
9	0.047 9	18	0.113 2	10	0.117 7	10	0.058 8	6	0.098 3
10	0.230 9	19	0.180 1	11	0.094 9	11	0.162 2	6.2	0.000 1
10.1	0.000 1	20	0.122 0	12	0.124 7	12	0.321 7	6.3	0.000 1
10.2	0.000 1	21	0.027 4	13	0.216 7	12.3	0.000 1	7	0.275 7
11	0.242 2	22	0.045 2	14	0.181 3	13	0.378 3	8	0.054 7
12	0.383 4	23	0.207 6	15	0.174 0	13.3	0.000 1	8.3	0.000 2
13	0.075 8	24	0.152 7	15.1	0.000 1	14	0.062 6	9	0.500 0

续 表

CSF1PO		D2S1338		D8S1179		D9S1122		TH01	
13.2	0.000 1	25	0.062 5	16	0.072 0	14.3	0.000 1	9.3	0.040 4
14	0.013 0	26	0.010 6	17	0.014 0	15	0.010 8	10	0.029 8
15	0.001 7	27	0.001 4	18	0.002 5	16	0.002 7	10.3	0.000 1
16	0.000 1	28	0.000 6	19	0.000 1	17	0.000 4	11	0.000 5
		29	0.000 1					12	0.000 1

D2S1776		PentaD		D5S2500		D2S441		D11S4463	
7	0.001 5	5	0.000 1	12	0.000 1	8	0.000 3	7.2	0.000 1
8	0.002 5	6	0.003 1	13	0.000 5	8.1	0.000 4	9	0.002 7
9	0.134 7	7	0.008 1	14	0.404 1	9	0.000 5	10	0.000 3
10	0.064 9	7.2	0.000 1	15	0.000 2	9.1	0.026 4	11	0.005 0
10.1	0.000 4	8	0.050 4	16	0.001 6	9.3	0.000 1	12	0.049 9
10.2	0.000 1	9	0.322 3	16.3	0.000 1	10	0.247 5	12.3	0.000 1
11	0.282 1	10	0.126 0	17	0.268 4	10.1	0.001 6	13	0.226 3
11.1	0.000 5	11	0.147 9	17.1	0.000 1	11	0.332 5	13.2	0.000 1
12	0.374 9	11.2	0.000 1	18	0.229 5	11.1	0.000 1	14	0.316 5
12.1	0.000 3	12	0.173 0	19	0.004 3	11.3	0.044 4	14.2	0.000 2
12.3	0.000 1	13	0.120 9	20	0.078 5	12	0.181 6	15	0.255 4
13	0.106 5	14	0.038 4	21	0.001 2	12.3	0.000 9	15.2	0.000 2
14	0.028 4	15	0.008 7	22	0.000 1	13	0.023 3	15.3	0.000 2
15	0.003 2	16	0.001 1	23	0.011 0	14	0.127 5	16	0.117 5
		17	0.000 2	24	0.000 5	14.1	0.000 3	16.3	0.000 1
						15	0.011 7	17	0.021 6
						16	0.000 8	18	0.003 9

D7S820		D12S391		D19S433		D1S1656		D18S51	
6	0.000 1	14	0.000 1	9	0.000 2	8	0.000 2	9	0.000 3
7	0.001 9	15	0.012 5	9.2	0.000 1	9	0.000 3	10	0.001 3
7.1	0.000 1	16	0.007 1	10	0.000 3	10	0.001 1	11	0.004 3
7.3	0.000 1	17	0.084 6	11	0.003 0	11	0.067 2	12	0.038 7
8	0.142 7	17.3	0.000 2	11.2	0.000 1	12	0.039 9	13	0.183 9
9	0.062 0	18	0.219 9	12	0.040 7	13	0.101 1	14	0.213 4
9.1	0.003 4	18.2	0.000 1	12.1	0.000 1	14	0.080 9	15	0.172 9
9.2	0.000 3	18.3	0.000 5	12.2	0.004 9	14.3	0.000 2	16	0.128 3
10	0.162 4	19	0.215 1	13	0.283 6	15	0.296 7	16.2	0.000 1
10.1	0.000 9	19.2	0.000 1	13.1	0.000 1	15.3	0.001 0	17	0.074 2

续 表

D7S820		D12S391		D19S433		D1S1656		D18S51	
10.3	0.000 1	19.3	0.000 3	13.2	0.043 4	16	0.223 7	17.1	0.000 1
11	0.348 0	20	0.178 1	14	0.247 7	16.1	0.000 1	18	0.046 1
11.1	0.000 3	20.3	0.000 1	14.2	0.108 6	16.3	0.007 7	19	0.048 5
12	0.237 6	21	0.116 3	15	0.067 7	17	0.078 6	20	0.029 9
13	0.035 8	21.3	0.000 1	15.2	0.148 3	17.3	0.061 3	21	0.025 0
13.1	0.000 1	22	0.086 5	16	0.012 3	18	0.010 5	22	0.018 2
14	0.004 2	23	0.045 5	16.2	0.032 6	18.3	0.024 8	23	0.007 9
15	0.000 1	24	0.020 3	17	0.001 3	19	0.000 8	24	0.004 8
		25	0.010 4	17.2	0.004 4	19.3	0.003 3	25	0.001 4
		26	0.001 9	18	0.000 1	20	0.000 1	26	0.000 3
		27	0.000 3	18.2	0.000 6	20.3	0.000 6	27	0.000 4
						21	0.000 1	28	0.000 1

D10S1435		D6S1043		D21S11		FGA		PentaE	
3.1	0.000 1	7	0.000 2	25	0.000 1	13	0.000 4	5	0.051 3
5	0.000 1	8	0.000 4	26	0.000 1	14	0.000 3	6	0.000 1
6	0.000 3	9	0.001 8	27	0.002 4	15	0.000 1	7	0.003 2
7	0.000 5	10	0.031 2	27.2	0.000 1	16	0.001 0	8	0.005 9
7.3	0.000 1	11	0.101 8	28	0.049 0	16.2	0.000 1	9	0.008 0
8	0.027 0	12	0.137 1	28.2	0.006 0	17	0.001 0	10	0.045 5
9	0.002 2	12.3	0.000 4	29	0.261 3	17.2	0.000 1	11	0.149 5
10	0.037 5	13	0.136 6	29.2	0.001 5	18	0.025 2	12	0.110 9
10.3	0.001 1	13.3	0.000 1	29.3	0.000 1	18.2	0.000 1	13	0.051 8
11	0.155 1	14	0.140 9	30	0.277 1	19	0.052 0	13.2	0.000 1
11.3	0.000 3	15	0.016 8	30.1	0.000 1	19.2	0.000 1	14	0.082 9
12	0.369 6	16	0.003 0	30.2	0.009 3	20	0.049 7	14.2	0.000 1
12.1	0.000 2	17	0.043 9	30.3	0.004 7	20.2	0.000 2	15	0.096 5
12.2	0.000 1	17.2	0.000 1	31	0.102 0	21	0.111 6	15.2	0.000 1
13	0.251 9	17.3	0.000 4	31.2	0.073 8	21.2	0.003 8	15.4	0.000 1
13.3	0.000 1	18	0.176 6	31.3	0.000 1	22	0.173 8	16	0.079 6
14	0.134 9	18.2	0.000 4	32	0.029 6	22.2	0.006 2	16.1	0.000 1
14.2	0.000 1	19	0.146 9	32.1	0.000 1	23	0.214 4	16.4	0.000 1
14.3	0.000 2	19.2	0.000 1	32.2	0.128 2	23.1	0.000 1	17	0.079 1
15	0.015 8	19.3	0.000 2	32.3	0.000 1	23.2	0.010 7	17.4	0.000 4
15.2	0.000 1	20	0.050 1	33	0.003 9	24	0.175 0	18	0.076 0
16	0.002 8	20.3	0.001 6	33.1	0.000 1	24.2	0.009 6	18.3	0.000 1

续 表

D10S1435		D6S1043		D21S11		FGA		PentaE	
17	0.000 1	21	0.006 6	33.2	0.045 0	25	0.098 9	18.4	0.001 4
		21.3	0.002 2	34	0.000 7	25.2	0.004 1	19	0.054 8
		22	0.000 2	34.2	0.004 3	25.3	0.000 1	19.1	0.000 1
		22.3	0.000 5	35	0.000 3	26	0.046 7	19.4	0.001 1
				35.2	0.000 3	26.2	0.000 7	20	0.044 7
				36.2	0.000 1	27	0.011 1	21	0.025 0
						27.2	0.000 4	22	0.016 8
						28	0.001 9	23	0.008 3
						28.2	0.000 1	24	0.003 9
						29	0.000 4	25	0.001 7
						30	0.000 1	26	0.000 7
								27	0.000 2
								28	0.000 2

SE33									
8	0.000 1	16.1	0.000 2	21	0.043 0	26	0.000 3	31.2	0.028 0
10	0.000 1	16.2	0.000 3	21.1	0.000 2	26.2	0.074 1	32	0.000 1
11	0.000 4	16.3	0.000 3	21.2	0.016 2	26.3	0.000 2	32.1	0.000 1
12	0.000 5	17	0.049 0	22	0.016 0	27	0.000 6	32.2	0.015 5
12.2	0.000 1	17.1	0.000 3	22.1	0.000 1	27.2	0.078 1	33	0.000 1
13	0.001 7	17.2	0.000 4	22.2	0.031 7	28	0.000 2	33.2	0.006 9
13.1	0.000 1	17.3	0.000 1	22.3	0.000 1	28.1	0.000 1	34.2	0.002 2
13.2	0.000 3	18	0.066 2	23	0.005 6	28.2	0.075 0	35	0.000 1
14	0.005 1	18.1	0.000 1	23.1	0.000 1	28.3	0.000 1	35.2	0.000 6
14.1	0.000 1	18.2	0.000 2	23.2	0.043 3	29	0.000 2	36.2	0.000 3
14.2	0.000 4	19	0.076 9	24	0.002 1	29.1	0.000 2		
15	0.009 3	19.1	0.000 2	24.2	0.063 9	29.2	0.065 2		
15.1	0.000 6	19.2	0.001 3	24.3	0.000 1	30	0.000 1		
15.2	0.000 1	19.3	0.000 1	25	0.001 1	30.1	0.000 1		
15.3	0.000 1	20	0.063 2	25.1	0.000 1	31	0.000 1		
16	0.023 4	20.2	0.007 1	25.2	0.073 3	31.1	0.000 3		

D6S477		D18S535		D19S253		D15S659		D11S2368	
9	0.000 5	8	0.000 5	7	0.167 0	8	0.003 4	14	0.000 5
9.2	0.000 5	9	0.184 5	8	0.038 0	9	0.001 9	15	0.003 9
10	0.013 1	10	0.055 0	9	0.009 3	10	0.018 5	16	0.029 2

续 表

D6S477		D18S535		D19S253		D15S659		D11S2368	
10.2	0.000 5	11	0.017 0	10	0.021 4	11	0.150 0	17	0.145 6
11	0.003 9	12	0.110 0	10.1	0.000 5	12	0.231 3	18	0.094 4
12	0.058 4	13	0.238 6	11	0.160 2	13	0.131 9	19	0.170 9
13	0.213 7	14	0.286 3	11.1	0.000 5	14	0.046 7	19.2	0.000 5
14	0.197 2	15	0.096 4	12	0.328 1	15	0.163 6	20	0.180 6
15	0.288 7	16	0.011 7	13	0.204 5	16	0.154 8	21	0.220 5
16	0.189 9			14	0.064 3	17	0.081 3	22	0.096 9
17	0.024 8			15	0.006 3	18	0.013 6	23	0.045 8
18	0.006 3					19	0.002 9	24	0.010 2
19	0.001 9							25	0.000 5
20	0.000 5							26	0.000 5

D20S470		D22GATA		D7S3048		D8S1132		D4S2366	
3	0.000 5	14	0.007 3	16	0.000 5	15	0.000 5	8	0.001 0
6	0.002 9	15	0.019 5	17	0.005 8	16	0.011 2	9	0.294 5
8	0.001 9	16	0.078 9	18	0.094 4	16.1	0.000 5	10	0.052 1
9	0.016 6	17	0.152 4	19	0.079 8	17	0.105 6	11	0.350 0
10	0.150 4	18	0.068 2	20	0.164 1	18	0.191 3	12	0.148 0
11	0.031 6	19	0.080 3	21	0.110 5	19	0.187 4	13	0.079 8
12	0.043 3	20	0.091 0	21.3	0.000 5	20	0.136 8	14	0.062 8
13	0.128 0	21	0.297 0	22	0.074 0	20.3	0.001 0	15	0.011 7
14	0.153 4	22	0.173 3	23	0.189 4	21	0.154 8		
15	0.158 2	23	0.025 3	24	0.164 1	22	0.118 3		
16	0.180 1	24	0.006 3	25	0.089 6	23	0.065 7		
17	0.089 6	25	0.000 5	26	0.020 9	24	0.020 4		
18	0.034 6			27	0.006 3	25	0.005 8		
19	0.008 3			28	0.000 5	26	0.000 5		
20	0.000 5								

D21S1270		D13S325		D9S925		D3S3045		D14S608	
7	0.000 5	4	0.000 5	10	0.000 5	9	0.334 5	4	0.000 5
9	0.001 9	7	0.001 0	11	0.001 0	9.2	0.000 5	6	0.061 3
9.3	0.001 5	15	0.001 0	12	0.001 5	10	0.033 1	7	0.218 1
10	0.286 3	16	0.000 5	13	0.011 2	11	0.030 7	8	0.012 2
11	0.065 2	17	0.008 8	14	0.136 3	12	0.131 5	9	0.123 7
11.3	0.000 5	18	0.039 4	15	0.208 4	12.1	0.000 5	10	0.229 3

续 表

D21S1270		D13S325		D9S925		D3S3045		D14S608	
12	0.041 9	19	0.238 1	16	0.292 6	13	0.202 5	11	0.211 8
12.3	0.091 5	20	0.300 4	16.3	0.023 4	14	0.187 0	12	0.110 5
13	0.091 0	20.3	0.000 5	17	0.226 9	15	0.072 1	13	0.027 3
13.3	0.042 4	21	0.202 0	17.3	0.006 8	16	0.007 8	14	0.004 9
14	0.252 2	21.3	0.000 5	18	0.088 6			15	0.000 5
14.3	0.009 7	22	0.133 9	19	0.002 9				
15	0.107 1	22.3	0.001 0						
15.3	0.001 5	23	0.050 1						
16	0.006 8	24	0.016 6						
		25	0.004 4						
		26	0.001 5						

D17S1290		D7S1517		D3S1744	
9	0.001 0	15	0.004 1	13	0.018 6
10	0.037 0	16	0.003 1	14	0.089 9
11	0.048 2	17	0.007 2	15	0.094 0
12	0.009 3	18	0.014 5	16	0.098 1
13	0.010 2	19	0.063	17	0.347 1
14	0.009 7	20	0.126	18	0.207 6
15	0.226 9	21	0.141 5	19	0.102 3
16	0.304 8	22	0.145 7	20	0.037 2
17	0.183 5	22.2	0.001	21	0.005 2
18	0.119 8	23	0.146 7		
19	0.035 5	24	0.098 1		
20	0.010 2	25	0.171 5		
21	0.003 4	26	0.048 6		
22	0.000 5	27	0.018 6		
		28	0.010 3		

| 附录二 |

59 个 STR 基因座各遗传学参数统计结果

序号	基因座	N1	N2	Mu(10^{-3})	HO	He	PIC	DP	PM	PE－2P	PE－1P	P
1	SE33	9 126	74	6.2	0.942 4	0.943 2	0.940 2	0.993 8	0.006 2	0.884 6	0.793 1	0.011 1
2	D1S1656	9 126	22	0.3	0.826 6	0.828 4	0.809 3	0.951 5	0.048 5	0.670 6	0.500 7	0.647 4
3	D3S1358	9 126	10	1.3	0.720 9	0.719 3	0.669 1	0.871 0	0.129 0	0.472 0	0.301 1	0.775 0
4	D13S317	9 126	11	0.3	0.802 1	0.800 9	0.771 8	0.931 3	0.068 7	0.606 8	0.428 9	0.785 9
5	D7S820	9 126	18	0	0.763 6	0.770 6	0.736 9	0.913 7	0.086 3	0.562 1	0.382 7	0.085 6
6	D16S539	9 126	10	0	0.781 2	0.784 0	0.750 2	0.919 6	0.080 4	0.575 5	0.396 8	0.044 5
7	PentaE	9 126	35	0.8	0.914 0	0.917 4	0.911 4	0.987 3	0.012 7	0.832 8	0.713 2	0.619 5
8	D2S441	9 126	17	0	0.770 0	0.775 6	0.742 6	0.916 6	0.083 4	0.570 0	0.391 5	0.099 5
9	TPOX	9 126	12	0	0.614 1	0.619 8	0.557 7	0.793 3	0.206 7	0.359 3	0.206 6	0.182 1
10	TH01	9 126	14	0.3	0.649 5	0.658 8	0.610 8	0.835 6	0.164 4	0.420 8	0.251 6	0.612 4
11	D2S1338	9 126	14	1.3	0.862 7	0.862 4	0.847 3	0.966 0	0.034 0	0.723 9	0.564 6	0.915 8
12	CSF1PO	9 126	13	2.1	0.725 9	0.732 9	0.689 4	0.885 2	0.114 8	0.499 7	0.324 0	0.504 4
13	PentaD	9 126	15	0.3	0.811 6	0.809 8	0.786 2	0.940 2	0.059 8	0.633 0	0.456 7	0.115 7
14	D10S1248	9 126	11	0.5	0.746 5	0.748 1	0.709 5	0.898 0	0.102 0	0.526 4	0.347 8	0.858 2
15	D19S433	9 126	21	0.8	0.809 7	0.815 1	0.791 7	0.942 5	0.057 5	0.641 8	0.468 1	0.746 8
16	vWA	9 126	11	0.8	0.797 2	0.799 7	0.769 6	0.929 8	0.070 2	0.602 9	0.425 2	0.649 4

续 表

序号	基因座	N1	N2	Mu(10^{-3})	HO	He	PIC	DP	PM	PE－2P	PE－1P	P
17	D21S11	9 126	28	2.1	0.817 7	0.817 3	0.794 8	0.944 1	0.055 9	0.647 3	0.474 4	0.614 6
18	D18S51	9 126	22	1	0.856 0	0.860 9	0.845 9	0.965 7	0.034 3	0.723 2	0.564 6	0.251 7
19	D6S1043	9 126	26	1	0.861 2	0.873 9	0.860 5	0.970 8	0.029 2	0.744 5	0.590 7	0.002 1
20	D8S1179	9 126	13	1.3	0.844 9	0.846 1	0.827 1	0.957 4	0.042 6	0.689 9	0.522 3	0.954 0
21	D5S818	9 126	10	0	0.772 5	0.778 4	0.744 8	0.917 3	0.082 7	0.570 4	0.391 5	0.693 7
22	D12S391	9 126	21	2.1	0.835 4	0.842 7	0.823 7	0.956 3	0.043 7	0.686 8	0.519 6	0.024 5
23	FGA	9 126	33	2.6	0.860 2	0.862 6	0.847 9	0.966 4	0.033 6	0.726 1	0.568 1	0.234 6
24	D6S474	9 126	12	0.3	0.712 3	0.713 1	0.663 4	0.868 1	0.131 9	0.468 2	0.296 9	0.423 3
25	D12ATA63	9 126	12	0	0.740 1	0.739 2	0.695 4	0.888 2	0.111 8	0.506 3	0.331 3	0.000 7
26	D22S1045	9 126	12	0.5	0.767 0	0.770 8	0.732 4	0.909 0	0.091 0	0.548 8	0.370 8	0.375 7
27	D1S1677	9 126	12	0.5	0.646 8	0.652 6	0.596 0	0.822 7	0.177 3	0.400 3	0.239 0	0.551 5
28	D11S4 463	9 126	17	3.9	0.766 3	0.766 6	0.729 2	0.908 1	0.091 9	0.548 7	0.370 8	0.029 4
29	D1S1627	9 126	8	0	0.606 6	0.605 7	0.549 4	0.788 2	0.211 8	0.355 3	0.199 0	0.849 5
30	D3S4 529	9 126	9	0.5	0.734 6	0.746 8	0.704 3	0.893 4	0.106 6	0.513 7	0.336 4	0.000 7
31	D6S1017	9 126	9	0	0.706 1	0.712 8	0.665 5	0.870 3	0.129 7	0.471 3	0.297 9	0.480 2
32	D4S2408	9 126	10	0.3	0.724 5	0.739 7	0.694 1	0.886 6	0.113 4	0.499 9	0.324 6	0.125 1
33	D17S1301	9 126	12	0.8	0.700 0	0.705 4	0.664 8	0.872 6	0.127 4	0.478 1	0.300 4	0.024 5
34	D1GATA113	9 126	8	0.8	0.630 8	0.633 8	0.570 1	0.802 2	0.197 8	0.367 4	0.214 1	0.371 2
35	D18S853	9 126	10	0.3	0.720 5	0.721 9	0.678 2	0.879 0	0.121 0	0.488 1	0.312 3	0.303 7
36	D20S482	9 126	12	1.8	0.724 3	0.725 9	0.682 5	0.881 5	0.118 5	0.494 8	0.319 6	0.362 9
37	D14S1434	9 126	10	1	0.703 6	0.703 0	0.656 3	0.865 1	0.134 9	0.464 0	0.290 9	0.865 5
38	D9S1122	9 126	13	1.3	0.715 8	0.719 6	0.672 9	0.874 7	0.125 3	0.481 5	0.308 5	0.002 8

续 表

序号	基因座	N1	N2	Mu(10^{-3})	HO	He	PIC	DP	PM	PE－2P	PE－1P	P
39	D2S1776	9 126	14	1.3	0.736 1	0.745 4	0.707 1	0.896 9	0.103 1	0.526 0	0.347 8	0.112 2
40	D10S1435	9 126	23	1.8	0.751 4	0.755 3	0.719 0	0.903 8	0.096 2	0.540 0	0.361 1	0.000 0
41	D5S2500	9 126	15	0	0.701 7	0.705 7	0.653 8	0.861 4	0.138 6	0.453 4	0.283 6	0.232 3
42	D19S253	1 027	11		0.802 3	0.790 8	0.761 9	0.925 7	0.074 3	0.603 4	0.418 3	0.941 8
43	D18S535	1 027	9		0.811 1	0.802 2	0.774 5	0.930 6	0.069 4	0.619 8	0.436 0	0.361 5
44	D6S477	1 027	14		0.797 5	0.791 8	0.760 3	0.924 6	0.075 4	0.594 3	0.412 5	0.790 0
45	D15S659	1 027	12		0.831 5	0.846 6	0.828 0	0.958 1	0.041 9	0.658 8	0.525 4	0.087 1
46	D11S2368	1 027	14		0.830 6	0.847 0	0.828 5	0.957 8	0.042 2	0.657 0	0.526 3	0.053 8
47	D20S470	1 027	15		0.863 7	0.867 5	0.853 0	0.966 8	0.033 2	0.722 0	0.575 1	0.353 7
48	D22GATA	1 027	12		0.795 5	0.831 8	0.812 9	0.953 4	0.046 6	0.590 8	0.503 8	0.216 5
49	D7S3048	1 027	14		0.867 6	0.868 8	0.854 6	0.967 9	0.032 1	0.729 8	0.578 1	0.359 8
50	D8S1132	1 027	14		0.861 7	0.855 5	0.838 5	0.961 7	0.038 3	0.718 1	0.544 3	0.713 8
51	D4S2366	1 027	8		0.757 5	0.755 6	0.719 0	0.903 1	0.096 9	0.522 8	0.363 1	0.728 3
52	D21S1270	1 027	15		0.805 3	0.818 4	0.796 4	0.944 3	0.055 7	0.608 8	0.477 0	0.768 9
53	D13S325	1 027	17		0.779 0	0.789 9	0.759 1	0.925 7	0.074 3	0.560 6	0.413 6	0.498 7
54	D9S925	1 027	12		0.773 1	0.792 3	0.761 5	0.927 2	0.072 8	0.550 2	0.414 8	0.654 7
55	D3S3045	1 027	10		0.775 1	0.787 6	0.758 2	0.925 9	0.074 1	0.553 6	0.413 2	0.374 4
56	D14S608	1 027	11		0.816 9	0.822 8	0.798 8	0.945 0	0.055 0	0.630 9	0.473 4	0.348 6
57	D17S1290	1 027	14		0.798 4	0.802 3	0.775 8	0.933 7	0.066 3	0.596 2	0.441 7	0.880 9
58	D3S1744	500	9		0.799 3		0.773 4	0.934 8	0.065 2	0.617 9	0.439 9	
59	D7S1517	500	15		0.877 1		0.862 2	0.971 4	0.028 6	0.747 3	0.594 2	

注：N1：群体调查样本数；N2：等位基因数；Mu：突变率；Ho：观察杂合度；He：预期杂合度；PIC：多态性信息总量，DP：个人识别能力；PM：偶合率；PE－2P：三联体非父排除率；PE－1P：二联体非父排除率；P：Hardy－Weinberg 平衡检验的 P 值

| 附录三 |

似然率对原告假设支持程度的度量(Evett & Weir, 1998; Buckleton et al., 2005)

似然率范围	证据支持强度
1~10	有限支持
10~100	中度支持
100~1 000	中强度支持
1 000~10 000	强力支持
>10 000	极强力支持

| 附录四 |

安德森参考序列(Anderson Reference Sequence, ARS)

HV I(15931－16520):

15940	15950	15960	15970	15980	15990
ATGAAAACCT	TTTTCCAAGG	ACAAATCAGA	GAAAAAGTCT	TTAACTCCAC	CATTAGCACC
TACTTTTGGA	AAAAGGTTCC	TGTTTAGTCT	CTTTTTCAGA	AATTGAGGTG	GTAATCGTGG
16000	16010	16020	16030	16040	16050
CAAAGCTAAG	ATTCTAATTT	AAACTATTCT	CTGTTCTTTC	ATGGGGAAGC	AGATTTGGGT
GTTTCGATTC	TAAGATTAAA	TTTGATAAGA	GACAAGAAAG	TACCCCTTCG	TCTAAACCCA
16060	16070	16080	16090	16100	16110
ACCACCCAAG	TATTGACTCA	CCCATCAACA	ACCGCTATGT	ATTTCGTACA	TTACTGCCAG
TGGTGGGTTC	ATAACTGAGT	GGGTAGTTGT	TGGCGATACA	TAAAGCATGT	AATGACGGTC
16120	16130	16140	16150	16160	16170
CCACCATGAA	TATTGTACGG	TACCATAAAT	ACTTGACCAC	CTGTAGTACA	TAAAAACCCA
GGTGGTACTT	ATAACATGCC	ATGGTATTTA	TGAACTGGTG	GACATCATGT	ATTTTTGGGT
16180	16190	16200	16210	16220	16230
ATCCACATCA	AAACCCCCTC	CCCATGCTTA	CAAGCAAGTA	CAGCAATCAA	CCCTCAACTA
TAGGTGTAGT	TTTGGGGGAG	GGGTACGAAT	GTTCGTTCAT	GTCGTTAGTT	GGGAGTTGAT
16240	16250	16260	16270	16280	16290
TCACACATCA	ACTGCAACTC	CAAAGCCACC	CCTCACCCAC	TAGGATACCA	ACAAACCTAC
AGTGTGTAGT	TGACGTTGAG	GTTTCGGTGG	GGAGTGGGTG	ATCCTATGGT	TGTTTGGATG
16300	16310	16320	16330	16340	16350
CCACCCTTAA	CAGTACATAG	TACATAAAGC	CATTTACCGT	ACATAGCACA	TTACAGTCAA
GGTGGGAATT	GTCATGTATC	ATGTATTTCG	GTAAATGGCA	TGTATCGTGT	AATGTCAGTT
16360	16370	16380	16390	16400	16410
TAGGGAAGAG	CAGGGGTACC	TACTGGGGGG	AGTCTATCCC	CAGGGAACTG	GTGGTAGGAG
ATCCCTTCTC	GTCCCCATGG	ATGACCCCCC	TCAGATAGGG	GTCCCTTGAC	CACCATCCTC

16420	16430	16440	16450	16460	16470
GCACTTTAGT	ATATCCCGCA	CAAGAGTGCT	ACTCTCCTCG	CTCCGGGCCC	ATAACACTTG
CGTGAAATCA	TATAGGGCGT	GTTCTCACGA	TGAGAGGAGC	GAGGCCCGGG	TATTGTGAAC
16480	16490	16500	16510	16520	
GGGGTAGCTA	AAGTGAACTG	TATCCGACAT	CTGGTTCCTA	CTTCAGGGTC	
CCCCATCGAT	TTCACTTGAC	ATAGGCTGTA	GACCAAGGAT	GAAGTCCCAG	

HVII(1－440)：

10	20	30	40	50	60
GATCACAGGT	CTATCACCCT	ATTAACCACT	CACGGGAGCT	CTCCATGCAT	TTGGTATTTT
CTAGTGTCCA	GATAGTGGGA	TAATTGGTGA	GTGCCCTCGA	GAGGTACGTA	AACCATAAAA
70	80	90	100	110	120
CGTCTGGGGG	GTATGCACGC	GATAGCATTG	CGAGACGCTG	GAGCCGGAGC	ACCCTATGTC
GCAGACCCCC	CATACGTGCG	CTATCGTAAC	GCTCTGCGAC	CTCGGCCTCG	TGGGATACAG
130	140	150	160	170	180
GCAGTATCTG	TCTTTGATTC	CTGCCTCATC	CTATTATTTA	TCGCACCTAC	GTTCAATATT
CGTCATAGAC	AGAAACTAAG	GACGGAGTAG	GATAATAAAT	AGCGTGGATG	CAAGTTATAA
190	200	210	220	230	240
ACAGGCGAAC	ATACTTACTA	AAGTGTGTTA	ATTAATTAAT	GCTTGTAGGA	CATAATAATA
TGTCCGCTTG	TATGAATGAT	TTCACACAAT	TAATTAATTA	CGAACATCCT	GTATTATTAT
250	260	270	280	290	300
ACAATTGAAT	GTCTGCACAG	CCACTTTCCA	CACAGACATC	ATAACAAAAA	ATTTCCACCA
TGTTAACTTA	CAGACGTGTC	GGTGAAAGGT	GTGTCTGTAG	TATTGTTTTT	TAAAGGTGGT
310	320	330	340	350	360
AACCCCCCCT	CCCCCGCTTC	TGGCCACAGC	ACTTAAACAC	ATCTCTGCCA	AACCCCAAAA
TTGGGGGGGA	GGGGGCGAAG	ACCGGTGTCG	TGAATTTGTG	TAGAGACGGT	TTGGGGTTTT
370	380	390	400	410	420
ACAAAGAACC	CTAACACCAG	CCTAACCAGA	TTTCAAATTT	TATCTTTTGG	CGGTATGCAC
TGTTTCTTGG	GATTGTGGTC	GGATTGGTCT	AAAGTTTAAA	ATAGAAAACC	GCCATACGTG
430	440				
TTTTAACAGT	CACCCCCCAA				
AAAATTGTCA	GTGGGGGGTT				

参 考 文 献

1. 中华人民共和国公安部.法医生物检材的提取、保存、送检规范(GA/T 1162—2014).2014-05-09.
2. 中华人民共和国公安部.法庭科学DNA实验室检验规范(GA/T 383—2014).2014-05-09.
3. 中华人民共和国公安部.人血红蛋白检测金标试剂条法(GA 765—2008).2008-04-14.
4. 中华人民共和国公安部.人精液PSA检测金标试剂条法(GA 766—2008).2008-04-14.
5. 中华人民共和国公安部.人类荧光标记STR-DNA分型结果的分析及应用(GA/T 1163—2014).2014-05-09.
6. Butler J M. 法医DNA分型：STR遗传标记的生物学、方法学及遗传学.侯一平,刘雅诚主译.北京：科学出版社,2007.
7. Butler J M. 法医DNA分型专论：方法学.第3版.侯一平,李成涛主译.北京：科学出版社,2013.
8. Butler J M. 法医DNA分型专论：证据解释.侯一平,李成涛,严江伟主译.北京：科学出版社,2018.
9. 郑秀芬.法医DNA分析.北京：中国人民公安大学出版社,2002.
10. 侯一平.法医物证司法鉴定实务.北京：法律出版社,2013.
11. 李军,徐远清.生物物证.北京：中国人民公安大学出版社,2015.
12. 林万明.PCR技术操作和应用指南.北京：人民军医出版社,1995.
13. B Xie, L Chen, Y Yang, et al. Genetic distribution of 39 STR loci in 1027 unrelated Han individuals from Northern China. Forensic Science International: Genetics, 2015, 19: 205-206.

14. 林源,阙庭志,赵珍敏,等.Goldeye™ DNA 身份鉴定系统 22NC 试剂盒的法医遗传学调查.法医学杂志,2015,31(4):280-283.

15. 吕德坚,陆惠玲.突变情形下亲权指数计算的新方法.法医学杂志,2009,25(3):179-183.

16. 吴微微,刘冰,郝宏蕾,等.中国 28 个省/区汉族人群 41 个 STR 基因座多态性数据分析.中国法医学杂志,2016,31(1):27-32.

17. 吴微微,刘冰,王彦斌,等.中国汉族人群 41 个 STR 基因座突变情况的观察分析.中国法医学杂志,2017,32(1):34-37.

18. 中国合格评定国家认可委员会.司法鉴定/法庭科学机构能力认可准则,CNAS-CL08:2018,2018-03-01.

19. 中国合格评定国家认可委员会.司法鉴定/法庭科学机构能力认可准则在法医物证 DNA 鉴定领域的应用说明,CNAS-CL08-A002:2018,2018-04-18.

20. 国家认证认可监督管理委员会.检验检测机构资质认定能力评价 检验检测机构通用要求,RB/T 214—2017,2017-10-16.

21. 国家质量监督检验检疫总局.检验检测机构资质认定刑事技术机构评审补充要求,2016-11-29.

22. 国家认证认可监督管理委员会.检验检测机构资质认定能力评价司法鉴定机构要求,RB/T 219—2017,2017-10-16.

23. Scientific Working Group on DNA Analysis Methods (SWGDAM). SWGDAM Interpretation Guidelines for Autosomal STR Typing,2010.